MAYUMU: FILIPIJNS AMERIKAANSE NAGERECHT

100 zoete lekkernijen die Filipijns erfgoed combineren met Amerikaanse flair

Dewi Verbeek

Auteursrechtelijk materiaal ©2024

Alle rechten voorbehouden

Geen enkel deel van dit boek mag in welke vorm of op welke manier dan ook worden gebruikt of overgedragen zonder de juiste schriftelijke toestemming van de uitgever en eigenaar van het auteursrecht, met uitzondering van korte citaten die in een recensie worden gebruikt. Dit boek mag niet worden beschouwd als vervanging voor medisch, juridisch of ander professioneel advies.

INHOUDSOPGAVE

INHOUDSOPGAVE **3**
INVOERING **6**
UBE DESSERTS **7**
   1. UBE & MANGOSORBET 8
   2. MOCHI-STIJL UBE HALAYA 10
   3. UBE & MANGOLOEMPIA 12
   4. NO-BAKE UBE-CHEESECAKE 14
   5. UBE- GEROLD IJS 17
   6. UBE MOCHI 19
   7. UBE CUPCAKES MET UBE MERINGUE 21
   8. UBE TRES LECHES-TAART 24
   9. UBE EN KOKOSROOMTAART 27
   10. UBE KUSSENBOTER 30
   11. UBE PANNA COTTA 32
   12. BEVROREN UBE HALAYA 35
   13. UBE-IJS 37
   14. UBE TAARTEN 39
   15. PANDESAL MET UBE-VULLING 41
   16. UBE FLAN 44
   17. UBE RIJSTMELK PANNA COTTA 46
   18. HAUPIA EN UBE-TAART 48
   19. UBE-CHEESECAKE MET KOKOSKOEKJESKORST 51
   20. UBE MACAPUNO-SALADE 54
   21. UBE CUSTARDTAART 56
   22. MALASADAS UBE 59
   23. UBE MACAPUNO KLEEFRIJSTCAKE 61
   24. UBE VLA MAMON 63
   25. UBE EN KOFFIEBROWNIES 66
   26. UBE-PANNENKOEKEN 68
   27. POEDERVORMIGE UBE HALAYA 70
   28. UBE MELKBROOD 72
   29. UBE-DONUTS MET KOKOSGLAZUUR 76
   30. UBE BANANENCRUNCH 78
   31. BAKE D' UBE MET PECANNOTEN 80
TOPPEN EN VULLINGEN **82**
   32. GEROOSTERDE KOKOSKWARK (LATIK) 83
   33. FRAMBOOS & GEMZEN PICHI-PICHI 85
   34. HORCHATA BIBINGKA 87
   35. KOEKJES & ROOM SUMAN MORON 89
   36. SPECULAAS BIKO 91

37. Gemarmerde Tahini Palitaw 9
38. Espasol-beten 9
39. Mini Salabundt-taarten 9
40. Confetti Pianono 9
41. Ananas ondersteboven guave cupcakes 10
42. Ube Macapuno gesmolten lavacakes 104
43. Marshmallow-gevulde Mamon 106
44. Yema Buckeyes 108

MANGO-DESSERTS 110
45. Mango-Chili-cheesecake 111
46. Verse mango, honing en kokosnoot 113
47. Filippijnse mango-kleefrijstdessert 115
48. Mango & Chili-ijstaart 117
49. Kokos Tapioca Pudding Met Mango 119
50. Sterfruit In Mango-Sinaasappelsaus 121
51. Mango & Chili-ijstaart 123
52. Mangovlotter 125

BANANENDESSERTS 127
53. Filippijnse gestoomde bananencake 128
54. Bananenbeignetballetjes 130
55. Filipijns Banaan-Lychee-dessert In Kokosmelk 132
56. Filippijnse bananen in kokosmelk 134
57. Zoete Aardappel & Banaan In Kokosmelk 136
58. Bananenloempia's 138

RIJST DESSERTS 140
59. Rijst & Kokosnoot Gestoomde Cake 141
60. Rijstpudding Met Donkere Kokossuikersiroop 143
61. Filippijnse dessertrijstbekers 145
62. Rijst & Kokos Zoete Pannenkoek 147
63. Pandanvla en kleverige rijst gelaagd zoet 149

FRUIT SALADES 151
64. Buko-salade 152
65. Fruitsalade in Filippijnse stijl 154
66. Tropische Fruitsalade 156

BROOD 158
67. Ensaymada 159
68. Pan de Coco 161
69. Spaans Brood 163
70. Turon (Bananenloempia) 165
71. Bicho-Bicho (gedraaide donuts) 167
72. Hopia 169
73. Filipijns Bibingka-bananenbrood 171

BEVROREN TRAKTATIES 174

- 74. Pandan-ijs 175
- 75. Filipijns mango-ijs 177
- 76. IJs Met Chili Karamelsaus 179
- 77. Geschoren ijsdessert 181
- 78. Halo-Halo-ijslolly's 183
- 79. Mango- en kokossorbet 185
- 80. Ananas & Kokos Granita 187
- 81. Mango-kokosijsjes 189
- 82. Avocado-ijs 191

TOFU-DESSERTS 193
- 83. Taho 194
- 84. Tofu Leche-flan 196
- 85. Tofu Halo-Halo 198
- 86. Tofu Maja Blanca 200
- 87. Tofu Mango Sago 202
- 88. Tofu Ube Tapiocapudding 204
- 89. Tofu Buko Pandan-salade 206

SPREADS & JAMS 208
- 90. Matamis Na Bao 209
- 91. Gekarameliseerde bananen- en jackfruitjam 211
- 92. Perzik-mangocompote 213
- 93. Mango-ananasjam 215
- 94. Guave gelei 217
- 95. Calamansi-marmelade 219
- 96. Mangochutney 221
- 97. Ananas Kokos Jam 223
- 98. Chili-Mangochutney 225
- 99. Verse ananaschutney 227
- 100. Limoenchutney 229

CONCLUSIE 231

INVOERING

Welkom bij "MAYUMU: FILIPIJNS AMERIKAANSE NAGERECHT", waar we de samensmelting van het Filippijnse erfgoed met Amerikaans flair vieren door middel van 100 zoete lekkernijen die de smaakpapillen prikkelen en culinaire traditie eren. Mayumu, wat zoetheid betekent in het Filipijns, belichaamt de essentie van d kookboek terwijl we de heerlijke combinatie van smaken, techniek en ingrediënten verkennen die Filipijns-Amerikaanse dessert definiëren. In dit kookboek begin je aan een heerlijke reis door de rijk en diverse wereld van Filipijns-Amerikaanse desserts. Van klassiek favorieten zoals leche flan en halo-halo tot innovatieve creaties zoal ube cheesecake en pandan cupcakes, elk recept is een viering van de unieke culturele mix die kenmerkend is voor de Filipijns-Amerikaans keuken. Of je nu verlangt naar nostalgische smaken uit je kindertijd o nieuwe culinaire horizonten wilt verkennen, deze desserts bieden een zoete en bevredigende smaak van beide werelden.

Wat "MAYUMU: FILIPIJNS AMERIKAANSE NAGERECHT" onderscheidt is de toewijding aan authenticiteit en creativiteit. Elk recept is geïnspireerd op traditionele Filippijnse desserts en bevat moderne wendingen en invloeden uit Amerikaanse culinaire traditie. Of het nu gaat om het op nieuwe manieren gebruiken van bekende ingrediënten of het experimenteren met innovatieve smaakcombinaties, deze desserts weerspiegelen het levendige en dynamische karakter van de Filipijns-Amerikaanse keuken.

In dit kookboek vindt u praktische tips om essentiële technieken onder de knie te krijgen, authentieke ingrediënten te vinden en uw desserts te voorzien van de warmte en gastvrijheid van de Filippijnse cultuur. Of je nu aan het bakken bent voor een speciale gelegenheid, lekkernijen deelt met familie en vrienden, of gewoonweg geniet van een zoet moment van zelfzorg, "MAYUMU: FILIPIJNS AMERIKAANSE NAGERECHT" nodigt je uit om te genieten van het rijke scala aan smaken en ervaringen die dit definiëren. uniek culinair erfgoed .

UBE DESSERTS

1. Ube & mangosorbet

INGREDIËNTEN:
- 1 kopje ube (paarse yam) puree
- 1 kopje mangopuree
- 1/2 kopje suiker
- 1/4 kopje water
- 1 eetlepel citroensap

INSTRUCTIES:
a) Meng suiker en water in een kleine pan. Verhit op middelhoog vuur, onder voortdurend roeren, tot de suiker volledig is opgelost. Haal van het vuur en laat afkoelen.
b) Meng in een blender ube-puree, mangopuree, gekoelde suikersiroop en citroensap. Mixen tot een gladde substantie.
c) Giet het mengsel in een ijsmachine en draai het volgens de instructies van de fabrikant tot het een sorbetconsistentie heeft.
d) Doe de sorbet in een bakje en vries hem minimaal 4 uur in voordat je hem serveert.

2.Mochi-stijl Ube Halaya

INGREDIËNTEN:
- 1 kopje kleefrijstmeel
- 1/4 kopje suiker
- 1 kopje water
- 1/2 kop gepoederde ube halaya
- Extra kleefrijstmeel om te bestuiven

INSTRUCTIES:
a) Meng kleefrijstmeel, suiker en water in een magnetronbestendige kom. Roer tot een gladde massa.
b) Zet het mengsel 2-3 minuten in de magnetron op de hoogste stand, roer elke minuut, tot het dikker wordt tot een plakkerig deeg.
c) Laat het deeg iets afkoelen, verdeel het in kleine porties en druk elke portie plat tot een schijf.
d) Plaats een kleine hoeveelheid gepoederde ube halaya in het midden van elke deegschijf en knijp de randen samen om ze af te dichten en een bal te vormen.
e) Rol de balletjes door extra kleefrijstmeel om plakken te voorkomen.
f) Serveer onmiddellijk of bewaar in een luchtdichte verpakking bij kamertemperatuur gedurende maximaal 2 dagen.

3. Ube & Mangoloempia

INGREDIËNTEN:
- Lumpia-wikkels (in de winkel gekocht of zelfgemaakt)
- Ube halaya
- Rijpe mangoplakken
- Kookolie om te frituren
- Poedersuiker om te bestuiven (optioneel)

INSTRUCTIES:
a) Leg een loempiaverpakking op een schoon oppervlak.
b) Schep een kleine hoeveelheid ube halaya in het midden van de verpakking.
c) Leg een plakje rijpe mango op de ube halaya.
d) Vouw de zijkanten van de verpakking over de vulling, rol hem vervolgens strak op tot een cilinder en sluit de randen af met water.
e) Herhaal met de resterende wikkels en vulling.
f) Verhit de olie in een frituurpan of koekenpan tot 175°C.
g) Voeg de loempiabroodjes voorzichtig in batches toe aan de hete olie en bak tot ze goudbruin en krokant zijn, ongeveer 3-4 minuten per batch.
h) Haal de loempia's uit de olie en laat ze uitlekken op keukenpapier.
i) Bestrooi de loempia eventueel met poedersuiker voordat je hem serveert.
j) Serveer warm en geniet ervan!

4. No-Bake Ube-cheesecake

INGREDIËNTEN:
VULLENDE INGREDIËNTEN
- 2 kopjes veganistische roomkaas
- 1 kopje van 250 gram
- 1 kop kokosroom
- ½ kopje ahornsiroop
- ½ eetlepel vanille
- ½ eetlepel kaneel

KORST INGREDIËNTEN
- 2 kopjes pecannoten
- ¼ kopje kokossuiker
- ¼ kopje kokosolie
- vleugje vanille
- snufje zout

INSTRUCTIES:
a) Begin met het wassen en pellen van je ube. Snijd hem vervolgens grofweg in kleinere stukken.
b) Doe de ube in kokend water en kook 7-10 minuten, tot de yam superzacht is en je er gemakkelijk een vork in kunt steken.
c) Zodra de ube gaar is, pureert u deze met een vork of aardappelstamper.
d) Meet 250 gram af, wat gelijk is aan ongeveer 1 kopje.
e) Voeg de ube, roomkaas, kokosroom, ahornsiroop, vanille en kaneel toe aan een keukenmachine en mix alle ingrediënten tot een superglad mengsel.
f) Ik heb de mijne minstens vijf minuten op hoge snelheid gemengd omdat ik een supergladde textuur wilde.
g) Zodra de cheesecakevulling romig en glad is, zet u deze opzij.
h) Voeg de pecannoten, suiker, kokosolie, vanille en zout toe aan een schone keukenmachine. Pulseer ze totdat ze goed gecombineerd zijn.
i) Bekleed een springvorm met bakpapier en vet deze rijkelijk in met kokosolie.

j) Breng de korstvulling over naar de pan. Het is misschien een beetje zacht en vloeibaar, maar dat geeft niet, want het zal uitharden in de koelkast.
k) Gebruik een lepel om ervoor te zorgen dat het gelijkmatig over de pan wordt verdeeld.
l) Giet nu de cheesecakevulling over de korst en gebruik een lepel om de bovenkant glad te strijken en een gelijkmatige laag te creëren.
m) Zet de cheesecake een nacht of 6 uur of langer in de koelkast. Het heeft deze tijd nodig om volledig uit te harden.
n) Zodra de cake klaar is, snijd hem in en geniet ervan!

5.Ube- gerold ijs

INGREDIËNTEN:
- 1 kopje in blokjes gesneden
- 2 kopjes zware room
- 14-ounce blikje gezoete gecondenseerde melk
- 1 theelepel kokosextract
- Geroosterde kokosnoot, ter garnering

INSTRUCTIES:
a) Breng in een kleine pan 4 kopjes water aan de kook.
b) Voeg de in blokjes gesneden ube toe en laat het geheel 5 tot 1 minuten sudderen tot het gaar is.
c) Giet de gekookte aardappelstukjes af en laat ze afkoelen.
d) Voeg de slagroom, de gecondenseerde melk en het gekookt mengsel toe aan een blender.
e) Meng ongeveer 5 seconden op hoge snelheid tot alles gemengd is
f) Giet het mengsel op een bakplaat met bakrand en laat he ongeveer 30 minuten invriezen tot het stevig is.
g) Snijd het ijs in reepjes en rol het ijs met een spatel voorzichtig i korte buisjes.
h) Plaats elke buis in een kom en bedek met geroosterde kokosnoot

6. Ube Mochi

INGREDIËNTEN:
- 4 eieren
- 2 kopjes vetvrije melk
- 1 blikje kokosmelk van 13,5 ons
- 1 theelepel vanille
- 2 theelepels ube-extract
- 1 doos 16 ons mochikomeel
- 2 kopjes suiker
- 2 theelepels bakpoeder
- ½ theelepel zout
- 1/2 kopje ongezouten boter gesmolten

INSTRUCTIES:
a) Verwarm de oven voor op 350F.
b) Meng in een middelgrote mengkom de natte ingrediënten eieren melk, kokosmelk, ube-extract en vanille. Roer om te combineren Opzij zetten.
c) Meng in een grote mengkom de droge ingrediënten mochikomeel suiker, bakpoeder en zout. Roer om te combineren.
d) Voeg natte ingrediënten toe om te drogen. Roer om te combineren. Voeg de boter toe en roer opnieuw tot alles goed gemengd is.
e) Bekleed een pan van 9×13 met bakpapier. Giet het mengsel in de pan en tik tegen de pan om eventuele luchtbellen te laten ontsnappen.
f) Plaats in de oven en bak gedurende 1 uur of tot de bovenkant goudbruin is.
g) Laat de pan volledig afkoelen voordat je hem aansnijdt en ervan geniet.

7.Ube Cupcakes Met Ube Meringue

INGREDIËNTEN:
VOOR DE CUPCAKES
- 1 en 1/4 stokje ongezouten boter op kamertemperatuur
- 1 en 2/3 kopje bloem voor alle doeleinden
- 3/4 eetlepels bakpoeder
- 1 en 3/4 kopje suiker
- 1 theelepel zout
- 3 theelepels Flavacol of Mc Cormick met smaakstof
- 3 eiwitten op kamertemperatuur
- 3/4 kopje melk op kamertemperatuur

VOOR DE UBE ZWITSERSE MERINGUE BOTERCRÈME
- 3 eiwitten
- 3/4 kopje suiker
- 1 en 1/2 stokje ongezouten boter zacht
- 1 eetlepel ube-aroma

INSTRUCTIES:
a) Verwarm de oven voor op 350 F. Bekleed een muffinpan met cupcake-voeringen en bekleed een tweede met 5 voeringen.

b) Klop boter, bakpoeder, zout, suiker en ube-smaak ongeveer 5 minuten in de kom van een keukenmixer tot de ingrediënten luchtig en opgenomen zijn.

c) Voeg met de mixer op lage snelheid de eiwitten één voor één toe en mix een paar seconden tot ze volledig in het beslag zijn opgenomen.

d) Voeg ⅓ van de bloem toe en blijf mixen. Voeg de helft van de melk toe, meng en voeg nog een derde van de bloem toe. Voeg de resterende helft van de melk toe, meng tot het is opgenomen en voeg ten slotte het resterende derde deel van de bloem toe.

e) Meng het beslag nog een paar minuten tot het glad is. Schep het in de kopjes tot ze voor 2/3 vol zijn.

f) Bak in een oven van 350 F gedurende 15-18 minuten of totdat een tandenstoker die in het midden van een cupcake wordt gestoken er schoon uitkomt. Laat de taarten volledig afkoelen op een rooster voordat u ze gaat glazuren.

VOOR DE ZWITSERSE MERINGUE BOTERCRÈME:

g) Vul een kookpot met ongeveer 2-3 centimeter water. Breng het water aan de kook, zet het vuur laag en laat het koken.

h) Plaats een hittebestendige glazen kom op de pan met kokend water. Het moet een kom zijn die perfect over de pot past. Het kokende water mag de bodem van de kom niet raken. Als dit het geval is, moet u de hoeveelheid water zorgvuldig verminderen.

i) Voeg het eiwit en de suiker toe aan de kom en begin continu te kloppen met een draadgarde. Zodra het mengsel schuimig en wit wordt en een temperatuur van 160 F bereikt, zet u het vuur uit. Dat zou ongeveer tien minuten moeten duren. Giet het eiwitmengsel in de kom van een keukenmixer voorzien van de garde. Begin op hoge snelheid te kloppen tot het mengsel glanzende en stevige pieken vormt. Dit duurt ongeveer 5-8 minuten. De kom moet koud aanvoelen.

j) Voeg de zachte boter toe aan de mixer en blijf kloppen. De botercrème kan klonterig worden of even schiften. Blijf kloppen tot er een dik, donzig glazuur ontstaat. Voeg de ube-smaakstof toe en blijf kloppen tot alles gemengd is.

k) Bewaar in een goed gesloten verpakking op kamertemperatuur of gebruik meteen glazuur.

8.Ube Tres Leches-taart

INGREDIËNTEN:
- 3 grote eieren, gescheiden
- 1/8 theelepel wijnsteenroom
- 1 kopje suiker
- 1 kopje bloem voor alle doeleinden
- 2 theelepels bakpoeder
- 1/4 kopje volle melk
- 2 theelepels ube-extract

VOOR DE WEKENVLOEISTOF
- 1 kopje zware room
- 1 blikje kokosmelk
- 1 blikje gecondenseerde melk

VOOR DE MERINGUE
- 4 eiwitten
- 1/8 theelepel wijnsteenroom
- 2 eetlepels suiker
- 1/4 kop ongezoete geraspte kokosnoot

INSTRUCTIES:
a) Verwarm uw oven voor op 350F. Vet een 8X8 glazen ovenschaal in en zet opzij.
b) Meng in een aparte kom de bloem en het bakpoeder. Opzij zetten.
c) Klop in de kom van een keukenmixer het eiwit en de wijnsteenroom tot er zachte pieken ontstaan. Voeg langzaam de suiker toe en klop tot het stevig is.
d) Klop de eidooiers één voor één erdoor tot ze gecombineerd zijn.
e) Zet de mixer op lage snelheid en meng beetje bij beetje de bloem erdoor tot alles gemengd is.
f) Meng in een maatglas de melk en het ube-extract. Giet dit mengsel bij het cakebeslag en klop tot een glad mengsel.
g) Giet dit beslag in je ingevette bakvorm en bak 25-30 minuten. De cake veert terug als je hem aanraakt. Laat 10 minuten afkoelen terwijl je het weekvocht maakt.
h) Klop de room, kokosmelk en gecondenseerde melk door elkaar tot alles goed gemengd is.

i) Prik met een eetstokje of spiesjes gaatjes in de cake, ongeveer 1/"-1" uit elkaar. Giet al het weekvocht over de hele taart. Het lijkt alsof het te veel is, maar wacht een paar seconden en het zal allemaal in de spons trekken.

j) Zet minimaal een uur of een nacht in de koelkast.

MAAK DE MERINGUE.

k) Klop de eiwitten, de wijnsteenroom en de suiker stijf. Verdeel de bovenkant van de cake en bak in een oven van 350F gedurende 10 minuten of tot ze goudbruin zijn.

9. Ube En Kokosroomtaart

INGREDIËNTEN:
VOOR KORST:
- 7 ons chocoladewafelkoekjeskruimels, fijngemalen
- 4 eetlepels ongezouten boter, gesmolten

VOOR HET VULLEN:
- 13 1/2 ounce kan volle kokosmelk
- 1 1/2 kopjes volle melk, verdeeld
- 12 ons ube halaya
- 1/3 kopje kristalsuiker
- 1/2 theelepel koosjer zout
- 1/8 theelepel gemalen kaneel
- 5 eierdooiers
- 1/3 kopje maizena
- 1 theelepel vanille-extract
- 1 theelepel ube-extract
- slagroom, voor de topping

INSTRUCTIES:
a) Verwarm de oven voor op 350 graden F.
b) Maal de wafterkoekjes fijn in een keukenmachine. Besprenkel met gesmolten boter en pulseer tot het gelijkmatig bevochtigd is. Dump in een licht beboterde 9-inch taartvorm. Druk stevig op de zijkanten en onderkant.
c) Bak 8 minuten om op te stijven. Laat volledig afkoelen.
d) Om de vulling te maken, combineer kokosmelk, 1 1/4 kopje volle melk, ube halaya, suiker, zout en kaneel in een zware pan op middelhoog vuur. Breng aan de kook, af en toe roerend, tot de suiker is opgelost.
e) Klop de resterende 1/4 kop melk met eidooiers in een middelgrote kom. Klop de maïzena erdoor tot een gladde massa en er geen klontjes meer achterblijven.
f) Voeg langzaam een kwart kopje heet melkmengsel toe en zwaai krachtig. Blijf hete melk erdoor kloppen, 1/4 kopje per keer, totdat ongeveer 1/3 van het melkmengsel is opgenomen en het dooiermengsel warm aanvoelt.

g) Giet het mengsel in de pan met het resterende melkmengsel en zet het terug op middelhoog vuur.
h) Breng aan de kook en klop regelmatig zodat de onderkant van de custard niet verbrandt. Zodra de custard begint te borrelen, laat je hem nog 2 minuten koken.
i) Haal van het vuur en klop de vanille- en ube-extracten erdoor.
j) Giet de custard in de afgekoelde korst en verdeel het in een gelijkmatige laag. Laat afkoelen tot kamertemperatuur, dek af en zet minimaal 3 uur of een hele nacht in de koelkast tot het volledig is uitgehard.
k) Vlak voor het serveren bestrijken met verse slagroom. Versier naar wens met seizoenshagelslag.

10. Ube kussenboter

INGREDIËNTEN:
- 1 kopje ongezouten boter, verzacht
- 1/2 kop poedersuiker
- 1/4 kop ube halaya

INSTRUCTIES:
a) Klop in een mengkom de zachte boter romig.
b) Voeg geleidelijk de poedersuiker toe en klop tot alles goed gemengd en luchtig is.
c) Voeg de ube halaya toe en blijf kloppen tot het volledig is opgenomen en het mengsel glad is.
d) Doe de ube-kussenboter in een luchtdichte verpakking en bewaar deze in de koelkast tot gebruik.

11. Ube Panna Cotta

INGREDIËNTEN:
- 2 theelepels gelatinepoeder
- 3 eetlepels koud water
- 1 1/4 kopje zware kokosroom
- 1/2 kopje witte suiker
- 2 theelepels ube-extract
- 1/4 theelepel zout
- 2 kopjes kokosmelk
- 1/2 kopje geroosterde kokosnootvlokken

INSTRUCTIES:

a) Zet eerst al je kopjes/schaaltjes op het aanrecht, zodat je klaar bent om het panna cotta-mengsel erin te gieten.
b) Maak dan de pannacotta! Doe de 3 eetlepels koud water in een ondiepe, brede kom en strooi de gelatine over het water zodat al het poeder wat vloeistof krijgt/kan hydrateren. Laat het 5-10 minuten op het aanrecht, weg van de kachel, staan om te bloeien/hydrateren.
c) Begin apart met het opwarmen van je kokosroom en suiker in een kleine tot middelgrote pan op middellaag vuur – onder voortdurend roeren zodat het mengsel niet kookt of verbrandt. Gebruik een suikerthermometer die aan de pan is bevestigd en verwarm het mengsel tot het een temperatuur van 170 ° F bereikt. Zet vervolgens het vuur uit, verwijder de thermometer en roer de uitgebloeide gelatine, het zout en het ube-extract erdoor tot het volledig gemengd is.
d) Voeg als laatste de kokosmelk toe en roer tot een gladde massa. Als u zich zorgen maakt over klontjes, zeef de vloeistof dan door een zeef. Giet het mengsel vervolgens gelijkmatig in uw zes bakjes.
e) Zet zes kopjes/kommen voorzichtig in de koelkast en laat minimaal 8 uur of een hele nacht afkoelen.
f) Als de panna cotta eenmaal is gestold, moet hij nog een beetje wiebelen, maar moet hij wel in de kopjes blijven zitten als hij wordt omgedraaid.
g) Bestrijk ten slotte elke panna cotta met ongeveer een eetlepel geroosterde kokosnootvlokken! Om kokosnootvlokken te roosteren, verwarm ze in een koekenpan met platte bodem, onder voortdurend roeren, tot ze goudbruin zijn. Haal dan onmiddellijk van het vuur en giet de vlokken op keukenpapier om af te koelen.
h) Zodra je panna cotta is bedekt met kokos, serveer!
i) Bewaar in de koelkast tot het serveren.

12. Bevroren Ube Halaya

INGREDIËNTEN:
- 2 kopjes gekookte en gepureerde paarse yam (ube)
- 1 blikje (14 ons) gecondenseerde melk
- 1 blikje (12 ounces) verdampte melk
- 1/2 kopje suiker
- 1/4 kopje boter

INSTRUCTIES:

a) Meng in een grote pan met antiaanbaklaag gepureerde paarse yam, gecondenseerde melk, verdampte melk en suiker.

b) Kook het mengsel op middelhoog vuur, onder voortdurend roeren tot het dikker wordt en loslaat van de zijkanten van de pan.

c) Voeg de boter toe en blijf koken, onder voortdurend roeren, tot het mengsel erg dik en bijna droog wordt.

d) Breng het mengsel over naar een rechthoekige schaal bekleed met bakpapier. Maak de bovenkant glad met een spatel.

e) Laat de halaya volledig afkoelen, dek hem af met plasticfolie en vries hem minimaal 4 uur in, of tot hij stevig is.

f) Eenmaal bevroren, snijd ze in plakjes en geniet ervan!

13. Ube-ijs

INGREDIËNTEN:
- 2 kopjes zware slagroom 36% vet of hoger
- 3/4 kop gezoete gecondenseerde melk
- 2 theelepel ube-smaakstofextract
- 1 eetlepel ube-poeder
- 1/2 theelepel vanille-extract

INSTRUCTIES:

a) Giet 2 kopjes koude, zware slagroom in een grote mengkom e klop het op hoge snelheid met een elektrische handmixer. Klop tc er stijve pieken ontstaan.

b) Voeg nu 3/4 kopje gezoete gecondenseerde melk toe aan d slagroom en klop opnieuw gedurende ongeveer 1-2 minuten o hoge snelheid.

c) Voeg vervolgens 2 theelepels ube-smaakextract, 1 eetlepel ube poeder en 1/2 theelepel vanille-extract toe.

d) Meng alles goed door elkaar en doe het in een bakvorm. Dek a met lag six wrap en vries ongeveer 5 uur in voordat je het serveer

14.Ube taarten

INGREDIËNTEN:
- 36 stuks bevroren minitaartjes van 2 inch, ontdooid
- 1 8-ounce blok roomkaas op kamertemperatuur
- 5 ons jam op kamertemperatuur
- ½ kopje gezoete gecondenseerde melk
- 2½ theelepel ube-extract
- snufje zout

INSTRUCTIES:

a) Verwarm de oven voor op 375F. Plaats de taartschelpen op een bakplaat en bak gedurende 10 minuten of tot ze licht goudbruin worden.

b) Haal ze voorzichtig uit hun vormen en zet ze opzij om af te koelen. Verlaag de oventemperatuur tot 350F.

c) In een grote kom met behulp van een draagbare elektrische mixer of met behulp van een keukenmixer uitgerust met het paddle-opzetstuk, klop je de roomkaas en de ube-jam tot een gladde massa en opgenomen.

d) Voeg ube-extract, gecondenseerde melk en zout toe aan het ube-mengsel en blijf kloppen tot het goed gemengd is.

e) Vul de taartschelpen met ube-vulling.

f) Bak gedurende 10 minuten of tot de vulling stevig is en de korst goudbruin is.

g) Haal uit de oven, laat iets afkoelen en serveer. Je kunt er ook voor kiezen om de taartjes te laten afkoelen voordat je ze serveert. Genieten!

15. Pandesal met Ube-vulling

INGREDIËNTEN:
VOOR HET DEEG:
- 4 kopjes bloem voor alle doeleinden
- 1/2 kopje suiker
- 2 1/4 theelepel instantgist
- 1/2 kopje water
- 1/2 kopje verdampte melk
- 2 grote eieren
- 1/4 kopje ongezouten boter, verzacht

VOOR DE UBE-VULLING:
- 1 kop gepureerde paarse yam (ube)
- 1/2 kopje gezoete gecondenseerde melk

INSTRUCTIES:
a) Meng bloem, suiker en instantgist in een kom.
b) Voeg water, verdampte melk en eieren toe aan de droge ingrediënten. Meng tot er een deeg ontstaat.
c) Voeg zachte boter toe en kneed tot het deeg glad en elastisch wordt.
d) Dek het deeg af en laat het op een warme plaats rijzen tot het in volume verdubbeld is, ongeveer 1-2 uur.
e) Maak ondertussen de ube-vulling klaar door gepureerde paarse yam en gezoete gecondenseerde melk te mengen tot alles goed gemengd is.
f) Sla het deeg plat en verdeel het in porties.
g) Maak elke portie deeg plat en plaats een lepel van de ube-vulling in het midden.
h) Omsluit de vulling door de randen van het deeg samen te knijpen en vorm er balletjes van.
i) Rol de gevulde deegballetjes door paneermeel.
j) Leg de gecoate deegballen op een bakplaat bekleed met bakpapier.
k) Laat het gevormde deeg opnieuw rijzen tot het opgezwollen is, ongeveer 30 minuten.
l) Verwarm uw oven voor op 175°C.
m) Bak in de voorverwarmde oven gedurende 15-20 minuten of tot ze goudbruin zijn.
n) Haal uit de oven en laat iets afkoelen voordat je het serveert.

16. Ube Flan

INGREDIËNTEN:
- 10 eierdooiers
- 14 ounce kan gecondenseerde melk
- 12 ounce kan verdampte melk
- 1 eetlepel ube-extract
- 3/4 kop kristalsuiker
- 2 eetlepels water

INSTRUCTIES:
a) Verwarm de oven voor op 350F
b) Kook de suiker en het water in een kleine pan op middelhoog vuur tot alle suiker is opgelost
c) Zet vervolgens het vuur lager en blijf de suiker inkoken tot een gouden karamelkleur is bereikt
d) Verdeel de karamel over de 6 schaaltjes en zet opzij om af te koelen
e) Klop in een grote kom de eierdooiers voorzichtig met de gecondenseerde melk en het ube-extract
f) Giet vervolgens de verdampte melk erbij en roer lichtjes om te combineren
g) Giet het mengsel van eieren en melk door een fijnmazige zeef en vul elk schaaltje ermee, net tot aan de bovenkant
h) Bekleed de bodem van een bakplaat met een theedoek en plaats elk schaaltje erop
i) Vul vervolgens de bakplaat met kokend water tot halverwege de zijkanten van de vormpjes
j) Schuif de bakplaat in de oven en bak gedurende 45-55 minuten.

17. Ube Rijstmelk Panna Cotta

INGREDIËNTEN:
- 1 ube, geschild
- 1 ½ kopje volle melk, verdeeld
- 1 kopje rijstmelk
- ½ kopje witte suiker
- 1/4 ounces pakket zonder smaak gelatine

INSTRUCTIES:
a) Plaats een stoominzet in een pan en vul deze met water tot net onder de bodem van de stoompan.
b) Breng water aan de kook. Voeg ube toe, dek af en stoom tot ze gaar zijn, ongeveer 20 minuten. Koel totdat het gemakkelijk te hanteren is.
c) Pureer het geheel in een blender of keukenmachine, of pureer het met de hand fijn.
d) Combineer 1 kopje gepureerde ube, 3/4 kopje melk, rijstmelk en suiker in een blender of keukenmachine; mix tot het volledig glad is.
e) Giet de resterende 3/4 kop volle melk in een pan. Strooi gelatine erover. Laat 5 minuten staan.
f) Verwarm het melk-gelatinemengsel op middelhoog vuur, al roerend tot de gelatine is opgelost, 3 tot 5 minuten. Giet het mengsel erin en verhoog het vuur tot medium. Verwarm tot stoom uit het mengsel begint te stijgen, af en toe roerend, 3 tot 5 minuten.
g) Giet het mengsel in individuele serveerglazen of -vormen. Zet het in de koelkast en laat het ongeveer 3 uur afkoelen tot het stevig is.

18.Haupia en Ube-taart

INGREDIËNTEN:
KORST:
- 1 ½ kopje bloem voor alle doeleinden
- ⅓ kopje witte suiker
- ¾ kopje boter, in blokjes

UBE-LAAG:
- ½ kopje boter, verzacht
- ½ kopje witte suiker
- 2 eieren
- 3 kopjes gekookt en gepureerd
- ½ kopje melk
- 1 theelepel vanille-extract

HAUPIA-LAAG:
- 1 ¼ kopje koud water
- ½ kopje witte suiker
- ½ kopje maizena
- Twee blikjes kokosmelk van 14 ounces

- 2 kopjes geraspte kokosnoot

INSTRUCTIES:

a) Verwarm de oven voor op 350 graden F. Vet een bakvorm van 9x13 inch in.
b) Meng de bloem en 1/3 kopje witte suiker in een grote kom. Wrijf de boter er met je vingers door tot het mengsel zandig is. Druk het in de ingevette bakvorm.
c) Bak de korst in de voorverwarmde oven tot hij goudbruin is rond de randen, ongeveer 10 minuten.
d) Klop 1/2 kopje boter en 1/2 kopje witte suiker in een kom met een elektrische mixer tot het romig is. Klop de eieren één voor één erdoor. Meng de gepureerde ube, melk en vanille-extract erdoor tot het beslag de consistentie heeft van pannenkoekbeslag. Giet over de korst.
e) Bak in de voorverwarmde oven tot de laag stevig is, ongeveer 30 minuten.
f) Klop water, 1/2 kopje witte suiker en maïzena samen in een kleine kom tot een gladde massa.
g) Giet kokosmelk in een pan van 5 liter.
h) Breng op laag vuur aan de kook, ongeveer 5 minuten. Giet het watermengsel erbij en zwaai voortdurend tot de kokosmelk dikker wordt, 3 tot 5 minuten. Roer de geraspte kokosnoot erdoor; kook en roer tot het mengsel dikker wordt, nog ongeveer 5 minuten.
i) Giet het kokosmengsel over de ube-laag. Zet in de koelkast tot het stevig is, 4 uur tot een nacht.

19. Ube-cheesecake met kokoskoekjeskorst

INGREDIËNTEN:
KOKOS KOEKJES KORST
- 1 ½ kopjes graham crackerkruimels
- ½ kopje gezoete geraspte kokosnoot
- 6 eetlepels ongezouten boter gesmolten en licht gekoeld
- snufje zout

UBE CHEESECAKE-VULLING
- 2 8-ounce blok roomkaas op kamertemperatuur
- ½ kopje kristalsuiker heeft mogelijk meer nodig
- 5 ons jam op kamertemperatuur
- ¾ kopje zure room op kamertemperatuur
- 1 theelepel vanille-extract
- 3 theelepels ube-extract
- 3 stuks grote eieren op kamertemperatuur

KOKOSNOOT GESLACHTE ROOM
- 14-ounce blikje kokosroom gekoeld
- 2 eetlepels kristalsuiker
- 1 theelepel vanille-extract

INSTRUCTIES:
a) Verwarm de oven voor op 325F. Bekleed de bodem van een 9-inch springvorm met bakpapier en zet opzij.
b) Meng alle korstingrediënten in een middelgrote kom en roer tot ze gelijkmatig vochtig zijn.
c) Breng het over naar de voorbereide pan en gebruik de achterkant van een lepel of maatbeker om het stevig op de bodem te drukken. Opzij zetten.
d) Gebruik een elektrische handmixer of een keukenmixer voorzien van een paddle-opzetstuk en klop de roomkaas op gemiddelde/hoge snelheid tot het luchtig is, 2-3 minuten.
e) Voeg ½ kopje suiker toe en blijf nog 2 minuten kloppen.
f) Voeg 5 ons ube-jam en ¾ kopje zure room toe. Klop tot een gladde massa en opgenomen. Zorg ervoor dat u eventuele stukjes ube-jam uit elkaar haalt.
g) Voeg 1 theelepel vanille-extract en 3 theelepels ube-extract toe en roer tot alles gemengd is. Proef je beslag en beslis of je akkoord

gaat met de zoetheid. Voeg indien nodig suiker 1 eetlepel per keer toe.

h) Voeg één voor één de eieren toe en klop ze allemaal totdat ze gecombineerd zijn. Vergeet niet om de bodem en zijkanten van je kom schoon te schrapen om er zeker van te zijn dat je elke laatste centimeter beslag bereikt.

i) Giet het beslag in je pan en tik zachtjes op je aanrecht. Plaats de pan op het middelste rek van uw oven. Plaats een braadpan gevuld met heet water op het onderste rek.

j) Bak gedurende 30 minuten op 325F, verlaag vervolgens de oventemperatuur naar 300F en bak nog 30 minuten of tot het gaar is.

k) Zet de oven uit, open de ovendeur een stukje maar laat de cheesecake nog een uurtje binnen staan zodat hij geleidelijk kan afkoelen.

l) Haal de cheesecake uit de oven en ga met een dun, scherp mes langs de randen om de cake los te maken van de pan. Haal de cake echter niet uit de pan. Je kunt het direct in de koelkast plaatsen om het 6-8 uur te laten afkoelen, bij voorkeur een hele nacht.

m) Als je klaar bent om te serveren, maak je je kokosslagroom klaar door het gekoelde blikje uit de koelkast te halen en de vaste delen in een kleine kom te scheppen.

n) Voeg 2 eetlepels suiker en 1 theelepel vanille-extract toe en klop tot het stijf is.

o) Om de cheesecake te serveren, bestrijkt u hem met een klodder kokosslagroom en bestrooit u met geraspte kokosnoot.

20. Ube Macapuno-salade

INGREDIËNTEN:
- 1 blikje (12 oz) gezoete gecondenseerde melk
- 1 kopje slagroom of slagroom
- 1 kop macapuno (geconserveerde kokossnaren)
- 1 kop kaong (suikerpalmfruit), uitgelekt
- 1 kopje nata de coco (kokosgel), uitgelekt
- 1 kopje mini-marshmallows (optioneel)
- Gelatine met Ube-smaak (optioneel), in blokjes

INSTRUCTIES:
a) Meng in een kom gezoete gecondenseerde melk en slagroom of slagroom. Meng tot alles goed gemengd is.
b) Voeg macapuno, kaong en nata de coco toe aan het melk-roommengsel. Goed mengen.
c) Voeg indien gewenst mini-marshmallows en in blokjes gesneden gelatine met een ube-smaak toe en spatel ze voorzichtig door de salade.
d) Zet de ube macapuno-salade minimaal 1 uur in de koelkast voordat u deze serveert.
e) Serveer gekoeld als een uniek en smaakvol dessert.

21.Ube Custardtaart

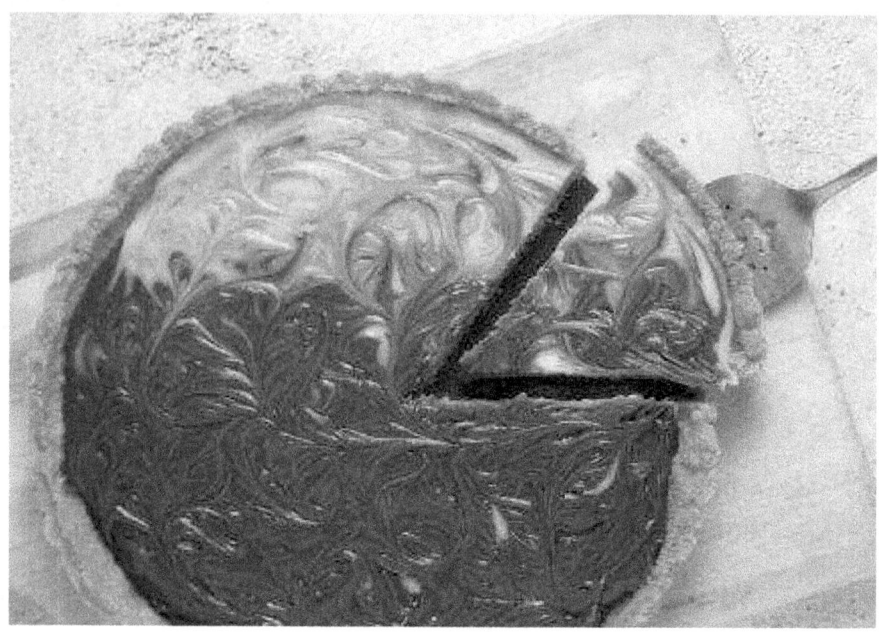

INGREDIËNTEN:
VOOR DE GRAHAM KORST
- 1 en 2/3 kopjes Graham Crumbs
- 2 eetlepels suiker
- 6 eetlepels ongezouten boter gesmolten

VOOR DE UBE CUSTARDVULLING
- 1/8 kopje suiker
- 1/4 kopje maizena
- 1 kopje zure room
- 1 en 1/2 kopjes gecondenseerde melk
- 3 eierdooiers
- 2 theelepels ube-aroma

INSTRUCTIES:
MAAK DE GRAHAM-KORST
a) Verwarm de oven voor op 350 F. Combineer suiker en grahamkruimels in een mengkom. Goed roeren. Giet de gesmolten boter erbij en roer het mengsel om de gesmolten boter te verdelen. Het mengsel zal enigszins vochtig zijn.

b) Breng het mengsel over in het midden van een 11-inch taartvorm met verwijderbare bodem. Verdeel het mengsel over het hele oppervlak, zodat de bodem van de pan bedekt is. Gebruik de bodem van een rond glas of maatbeker, druk het Graham-mengsel tegen de pan en werk naar de zijkanten toe en druk het stevig aan. Het mengsel moet stevig worden aangedrukt, zodat het stevig tegen het oppervlak en de zijkanten van de taartvorm zit. Bak de korst gedurende tien minuten op 350 F, of totdat de korst stevig is.

MAAK DE VULLING
c) Combineer suiker en maizena in een middelgrote pan. Voeg de gecondenseerde melk en zure room toe en roer alles tot het mengsel glad is. Zet de pan op middelhoog vuur. Kook het mengsel onder voortdurend roeren tot het dik is en een bijna smeerbare consistentie heeft. Zet de verwarming uit.

d) Klop in een kleine kom de eierdooiers lichtjes. Voeg ongeveer 1 kopje van het hete mengsel toe aan de dooiers en roer onmiddellijk. Doe dit mengsel terug in de pan. Kook het mengsel deze keer ongeveer 5 minuten op middelhoog vuur, onder voortdurend roeren, tot het dik is. Het mengsel moet in klodder terugvallen als je het van een lepel laat vallen. Zet het vuur uit en laat het mengsel iets afkoelen.

e) Verdeel de vla in twee gelijke porties. Roer voor één portie 2 theelepels ube-extract tot de kleur uniform is. Giet de gewone custard over de ene kant van de taartbodem en giet vervolgens de ube custard over de andere helft.

f) Als alternatief kunt u de custards afwisselend aan de korst toevoegen om een marmereffect te creëren. Gebruik twee stukken schone tandenstokers om het mengsel rond te draaien voor dat gewervelde effect.

g) Laat de taart minimaal twee uur in de koelkast afkoelen voordat je hem serveert.

22. Malasadas Ube

INGREDIËNTEN:

- 1 ons gist
- 11/2 pond bloem voor alle doeleinden
- 2 ons ube aardappelmeel
- 31/2 ounce kristalsuiker
- ¾ theelepel zout
- 2 ons ongezouten boter
- 1 kopje verdampte melk
- 6 eieren
- ½ eetlepel vanillepasta
- 2 eetlepels concentraat

INSTRUCTIES:

a) Meng de gist met suiker en water en laat vijf minuten bloeien.
b) Voeg met behulp van een paddle-opzetstuk alle natte ingrediënten toe en verwerk deze in de droge mix.
c) Zodra het beslag glad is en geen klontjes bevat, bewaart u het in een bakje en laat u het een nacht rusten.
d) Als je klaar bent, laat je het lichtjes leeglopen.
e) Gebruik een ijsschep en laat voorzichtig bolletjes beslag in het frituurolie op 365 graden F vallen.
f) Rol de suiker erdoor zodra de malasadas uit de friteuse komen.

23. Ube Macapuno Kleefrijstcake

INGREDIËNTEN:
- 2 kopjes kleefrijstmeel
- 1 blikje gecondenseerde melk
- 1 blikje geëvaporeerde melk
- 400 ml kokosmelk
- 4 grote eieren
- 340 g macapuno
- 5 eetlepels gesmolten boter
- 1 eetlepel ube-aroma
- extra boter, om te bestrijken

INSTRUCTIES:
a) Meng in een grote kom de eieren, gecondenseerde melk en gesmolten boter. Mix om te combineren.
b) Voeg de verdampte melk, kokosmelk en ube-aroma toe. Meng goed tot het gecombineerd is.
c) Voeg de macapuno toe. Gewoon mixen om te combineren.
d) Voeg vervolgens het kleefrijstmeel toe. Meng tot het goed is opgenomen.
e) Klop totdat er geen klontjes meer zichtbaar zijn.
f) Giet het mengsel in een ovenschaal van 8 x 8 inch.
g) Bak in een voorverwarmde oven op 180 graden gedurende 30-40 minuten.
h) Haal uit de oven.
i) Bestrijk de bovenkant met gesmolten boter.
j) Bak opnieuw op 170C gedurende 20 minuten.

24. Ube Vla Mamon

INGREDIËNTEN:
VLA
- 2 theelepels suiker
- 4 stuks grote eieren
- 1 kopje gecondenseerde melk
- ¾ kopje verdampte melk
- 1 theelepel vanille-extract

UBE MAMON
- 4 eierdooiers
- ¼ kopje plantaardige olie
- ¾ kopje melk
- 1 ½ kopje cakemeel
- 2 theelepels bakpoeder
- ¼ theelepel zout
- ½ kopje witte suiker
- 1 eetlepel ube-smaak
- 4 eiwitten
- ½ theelepel wijnsteenroom
- ¼ kopje witte suiker

INSTRUCTIES:
a) Doe 2 theelepels suiker in een mamon-vormer. Gekarameliseerde suiker op laag vuur. Zet dan opzij.
b) Voor de custard: Meng in een kom de eieren, de gecondenseerde melk, de verdampte melk en het vanille-extract. Meng tot alles goed gemengd is. Mengsel 3 keer zeven.
c) Vul ongeveer 1/4 kopje custardmengsel in elke vormer. Opzij zetten.
d) Voor de mamon: Zeef het cakemeel, het bakpoeder en het zout in een kom. Goed mengen. Opzij zetten. Meng in een andere kom de eierdooiers en de suiker. Klop tot het licht van kleur is. Voeg olie, melk en ube-smaak toe. Meng tot gecombineerd. Combineer de natte en droge mengsels. Meng tot alles goed gemengd is. Niet overmixen!
e) Klop de eiwitten schuimig. Voeg room van wijnsteen toe. Voeg geleidelijk de suiker toe. Klop op hoge snelheid tot het stijf is. Spatel de meringue door het beslag. Vul ongeveer 2/3 kopje beslag in elke vorm. Tik om bubbels te verwijderen.
f) Giet kokend water in de pan. Genoeg om het custardniveau te bereiken. Bak in een voorverwarmde oven op 160 C au bain-marie gedurende ongeveer 40 minuten of totdat de tandenstoker in het midden schoon wordt. Zet opzij om af te koelen. Zet het een paar uur in de koelkast, totdat de custard net is opgesteven. Koel Serveren.

25.Ube En Koffiebrownies

INGREDIËNTEN:
- 1/3 kopje vers gezette warme koffie
- 1 ons ongezoete chocolade, gehakt
- ¼ kopje canola-olie
- ⅔ kopje ube-puree
- 2 theelepels puur vanille-extract

INSTRUCTIES:
a) Verwarm de oven voor op 350 graden Fahrenheit.
b) Meng de koffie en 1 ounce chocolade in een kom en zet dit 1 minuut opzij.
c) Meng in een mengkom de olie, ube-puree, vanille-extract, suiker, cacaopoeder en zout. Meng totdat alles goed gemengd is.
d) Meng de bloem en het bakpoeder in een aparte kom. Voeg de chocoladestukjes toe en meng goed.
e) Roer met een spatel de droge ingrediënten voorzichtig door de natte totdat alle ingrediënten zijn gecombineerd.
f) Giet het beslag in de ovenschaal en bak gedurende 30-35 minuten, of totdat een tandenstoker die je in het midden steekt er schoon uitkomt.
g) Laat volledig afkoelen.

26.Ube-pannenkoeken

INGREDIËNTEN:
- 2 kopjes All-purpose Flour
- 1 kop Rijstmeel
- ½ kopje Ube
- 2 theelepels Grof zout
- 3 eiwitten
- 2 kopjes water
- 2 kopjes ingeblikte ongezoete kokosmelk
- 1 middelgrote krop rode of groene bladsla
- Plantaardige vulling
- Pindasaus

INSTRUCTIES:
a) Meng de droge ingrediënten in een kom en maak een kuiltje in het midden.
b) Voeg het eiwit, het water en de kokosmelk beetje bij beetje toe en meng ze met een garde door de droge ingrediënten.
c) Het beslag moet de consistentie van slagroom hebben. Als het te dik is, losmaken met water.
d) Zet minimaal 1 uur in de koelkast.
e) Verhit een koekenpan met anti-aanbaklaag van 8 inch op middelhoog vuur. Haal ondertussen het beslag uit de koelkast en klop om eventuele klontjes te verwijderen, of voeg indien nodig water toe om het te verdunnen.
f) Voeg ongeveer 1½ ons beslag toe aan de koekenpan. Draai de pan zodat het beslag het hele oppervlak bedekt. Als de loempia droog lijkt, draai hem dan om met een rubberen spatel en zorg ervoor dat hij niet bruin wordt.
g) Haal uit de pan en zet opzij.
h) Plaats de ube-crêpe op een bord met de platte kant naar boven. Schik 2 overlappende slablaadjes zo dat ze aan één kant over de rand uitsteken.
i) Plaats ¼ kopje warme groentevulling op de sla en rol. Leg de loempia's met de naad naar beneden op het bord.
j) Besprenkel met pindasaus. Serveer onmiddellijk.

27. Poedervormige Ube Halaya

INGREDIËNTEN:
- 2 kopjes gekookte en gepureerde paarse yam (ube)
- 1 blikje (14 ons) gecondenseerde melk
- 1 blikje (12 ounces) verdampte melk
- 1/2 kopje suiker
- 1/4 kopje boter

INSTRUCTIES:
a) Meng in een grote pan met antiaanbaklaag gepureerde paarse yam, gecondenseerde melk, verdampte melk en suiker.
b) Kook het mengsel op middelhoog vuur, onder voortdurend roeren, tot het dikker wordt en loslaat van de zijkanten van de pan.
c) Voeg de boter toe en blijf koken, onder voortdurend roeren, tot het mengsel erg dik en bijna droog wordt.
d) Bekleed een dehydratorbakje met bakpapier.
e) Breng het gekookte ube halaya-mengsel over op de beklede bakplaat en verdeel het gelijkmatig zodat een dunne laag ontstaat.
f) Stel uw dehydrator in op de juiste temperatuur voor fruit of groenten, meestal rond de 57°C.
g) Droog de ube halaya gedurende 12-24 uur, of totdat deze volledig droog en bros is. De tijd kan variëren afhankelijk van uw dehydrator en de dikte van de laag.
h) Zodra de ube halaya volledig is uitgedroogd, haalt u hem uit de dehydrator en laat u hem volledig afkoelen.
i) Breek de gedehydrateerde ube halaya in kleinere stukjes en doe ze in een blender of keukenmachine.
j) Pulseer de stukjes tot ze vermalen zijn tot een fijn poeder. Mogelijk moet u dit in batches doen, afhankelijk van de grootte van uw blender of keukenmachine.

28. Ube Melkbrood

INGREDIËNTEN:
BEGINNER:
- ⅓ kopje bloem voor alle doeleinden, of broodmeel
- ½ kopje volle melk
- ½ kopje water

DEEG:
- 2 ½ kopje broodmeel
- ¼ kopje kristalsuiker
- 2 ¼ theelepel droge actieve gist
- 1 Eetlepel melkpoeder
- 1 theelepel koosjer zout
- 1 groot ei, opgeklopt
- ½ kopje volle melk
- ¼ kopje ongezouten boter, verzacht

UBE DEEG:
- 2 kopjes broodmeel
- 4 ounce pakket ube-poeder
- ⅓ kopje kristalsuiker
- 2 ¼ theelepel droge actieve gist
- 2 Eetlepel melkpoeder
- 1 theelepel koosjer zout
- 1 groot ei, opgeklopt
- ½ kopje + 2 eetlepel volle melk
- 1 ½ theelepel ube-extract
- ¼ kopje ongezouten boter, verzacht

INSTRUCTIES:
BEGINNER:
a) Meng in een middelgrote pan bloem, melk en water. Zet op middelhoog vuur. Roer vaak en let daarbij op de onderkant van de pot. Kook ongeveer 5 minuten, tot het mengsel is ingedikt tot de consistentie van aardappelpuree.
b) Haal van het vuur en doe het in een kom. Dek af met plasticfolie en laat de folie direct op het startermengsel liggen. Laat afkoelen tot kamertemperatuur.

DEEG:
c) Klop in de kom van een keukenmixer het broodmeel, de suiker, d gist, het melkpoeder en het zout door elkaar. Bevestig d deeghaak aan de mixer. Voeg de helft van het afgekoelde startermengsel, het ei en de melk toe. Kneed op lage snelhei gedurende 5 minuten. Zet de kom naar beneden om een grondig menging te garanderen.

d) Voeg de zachte boter toe en blijf 5 minuten op lage snelhei kneed tot de boter in het deeg is geïntegreerd. Verhoog de snelheid naar medium en kneed nog eens 5 minuten tot het deeg glad is en van de zijkanten van de kom loslaat.

e) Doe het deeg in een licht ingevette kom. Dek af met plasticfolie en laat 1 uur rusten, of tot het deeg in volume is verdubbeld. Maak ondertussen ube-deeg.

UBE DEEG:
f) Meng in de kom van een keukenmixer broodmeel, ube-poeder suiker, gist, melkpoeder en zout. Bevestig de deeghaak aan de mixer. Voeg ½ kopje gekoeld startermengsel, ei, melk en ube extract toe. Kneed op lage snelheid gedurende 5 minuten. Zet de kom naar beneden om een grondige menging te garanderen.

g) Voeg de zachte boter toe en blijf 5 minuten op lage snelheid kneed tot de boter in het deeg is geïntegreerd. Verhoog de snelheid naar medium en kneed nog eens 5 minuten tot het deeg glad is en van de zijkanten van de kom loslaat.

h) Doe het deeg in een licht ingevette kom. Dek af met plasticfolie en laat 1 uur rusten, of tot het deeg in volume is verdubbeld.

MONTAGE:
i) Vet twee broodpannen van 9x4 of 9x5 inch of Pullman-broodpannen in. Indien gewenst kunt u het bekleden met bakpapier, zodat u het brood gemakkelijk kunt verwijderen. Opzij zetten.

j) Werk eerst met crèmekleurig deeg. Sla het gerezen deeg neer. Breng over naar een licht met bloem bestoven werkoppervlak. Verdeel het deeg in 8 gelijke delen.

k) Rol elk onderdeel tot een bal. Bedek het deeg tijdens het werken met plasticfolie om te voorkomen dat het deeg uitdroogt of een vel vormt.
l) Werk vervolgens met ube-deeg. Sla het gerezen deeg neer. Breng over naar een licht met bloem bestoven werkoppervlak. Verdeel het deeg in 8 gelijke delen.
m) Rol elk onderdeel tot een bal. Bedek het deeg tijdens het werken met plasticfolie om te voorkomen dat het deeg uitdroogt of een vel vormt.
n) Pak een crèmekleurige deegbal. Maak het deeg plat of rol het uit tot een lengte van ongeveer 8 inch en 5 inch breed.
o) Herhaal het rollen en plaats het deeg over het roomdeeg.
p) Begin aan het kortere uiteinde en rol het deeg tot een blok.
q) Plaats de lognaad naar beneden in de voorbereide broodvorm. Herhaal het proces totdat de broodvorm in totaal vier houtblokken heeft. Bedek de broodvorm met plasticfolie en laat 30-45 minuten rusten op kamertemperatuur totdat het deeg in volume is verdubbeld. Verwarm ondertussen de oven voor op 350 ° F.
r) Herhaal dit proces met de resterende deegballen. Zie de opmerkingen voor instructies over het maken van het gemarmerde deeg voor de Pullman-broodvorm.*
s) Verwijder de plasticfolie. Bestrijk de bovenkant van het deeg lichtjes met slagroom. Bak in de voorverwarmde oven gedurende 35-40 minuten tot de bovenkant van het brood goudbruin is en de interne temperatuur van het brood minimaal 190°F is. Zorg ervoor dat u het brood halverwege het bakken omdraait, zodat het gelijkmatig verkookt.
t) Laat het brood 5 minuten afkoelen in de pan. Haal het brood uit de vorm en laat het op een rooster afkoelen tot kamertemperatuur. Eenmaal afgekoeld, snijd het brood met een gekarteld mes.

29.Ube-donuts met kokosglazuur

INGREDIËNTEN:
VOOR DE DONUT
- 1/4 kop plantaardige olie
- 1/2 kopje karnemelk
- 2 grote eieren
- 1/2 kopje suiker
- 1/2 theelepel zout
- 1 theelepel bakpoeder
- 2 theelepels ube-extract
- 1 kopje bloem voor alle doeleinden

VOOR HET IJSSEL
- 2 kopjes poedersuiker
- 4 el kokosmelk
- 1 eetlepel melk
- 1/4-1/2 theelepel Ube-extract
- 1/2 kopje ongezoete geraspte kokosnoot

INSTRUCTIES:
a) Verwarm de oven voor op 350 graden.
b) Spuit de donutpan in met anti-aanbakspray.
c) Meng olie, karnemelk, eieren, suiker, zout, bakpoeder en ube-extract tot een geheel.
d) Roer de bloem erdoor en meng tot een gladde massa. Schep het beslag in de donut tot ongeveer 3/4 vol.
e) Bak donuts gedurende 15 minuten.
f) Haal uit de oven, laat 5 minuten afkoelen en haal dan de donuts uit de pan.
g) Terwijl ze afkoelen, maak je het glazuur door de poedersuiker, de melk en het ube-extract samen te kloppen.
h) Eenmaal afgekoeld doopt u elke donut halverwege in het glazuur en legt u deze op een rooster om te drogen. Bestrooi eventueel met kokosvlokken.

30. Ube Bananencrunch

INGREDIËNTEN:
- 9 stuks rijpe saba banaan
- 1 kopje bloem voor alle doeleinden
- ½ kopje maizena
- ½ kopje suiker
- 1 eetlepel ube-aroma
- 1 ei
- ½ kopje drinkwater
- 2 kopjes broodkruimels
- kokende olie

TOPPING
- gecondenseerde melk

INSTRUCTIES:
a) Pel de banaan af en snijd hem in vier delen.
b) Prik op elk spiesje vier plakjes banaan. Opzij zetten
c) Meng in een mengkom het ei, de suiker, de bloem, het maizena, het water en de ube-smaakstof.
d) Meng tot het goed is opgenomen.
e) Bestrijk de banaan met het beslag. Laat het beslag uitlekken.
f) Bestrooi met broodkruimels.
g) Blijf alle bananen met het beslag bestrijken.
h) Verhit olie in een pan. Bak op middelhoog vuur.
i) Draai de banaan indien nodig om of tot hij goudbruin is.
j) Laat ze uitlekken op keukenpapier om overtollige olie te verwijderen.
k) Besprenkel met gecondenseerde melk.

31. Bake d' Ube met pecannoten

INGREDIËNTEN:
- 1 kopje water
- 1 buis
- 1 eetlepel pure ahornsiroop
- 1 eetlepel amandelboter
- 1 eetlepel gehakte pecannoten
- 2 eetlepels bosbessen, optioneel
- 1 theelepel chiazaad
- 1 theelepel currypasta

INSTRUCTIES:
a) Voeg in je instantpot een kopje water en het stoomrek toe.
b) Sluit het deksel af en plaats de ube op het rek. Zorg ervoor dat het ontlastventiel in de juiste positie staat.
c) Verwarm de Instant Pot gedurende 15 minuten op hoge druk op handmatige wijze.
d) Nadat de timer is afgegaan, laat u de druk gedurende 10 minuten op natuurlijke wijze dalen.
e) Om de resterende druk af te laten, draait u aan de ontlastklep.
f) Zodra de vlotterklep is gevallen, verwijdert u de buis door het deksel te openen.
g) Wanneer de ube voldoende is afgekoeld om te hanteren, snijdt u hem doormidden en pureert u het vruchtvlees met een vork.
h) Bestrooi met pecannoten, bosbessen en chiazaden en besprenkel met ahornsiroop en amandelboter.

TOPPEN EN VULLINGEN

32. Geroosterde Kokoskwark (Latik)

INGREDIËNTEN:
- 2 kopjes kokosroom of kokosmelk
- Snufje zout (optioneel)

INSTRUCTIES:
a) Verwarm de kokosroom in een pan op middelhoog vuur.
b) Roer af en toe en laat sudderen tot de kokosmelk zich scheidt in wrongel en olie. Dit proces kan ongeveer 20-30 minuten duren.
c) Voeg indien gewenst een snufje zout toe en blijf koken tot de wrongel goudbruin wordt.
d) Zodra de wrongel naar wens is geroosterd, haal je ze van het vuur en laat je ze afkoelen.
e) Zeef de wrongel om ze van de olie te scheiden.
f) Gebruik de geroosterde kokoswrongel (Latik) als topping voor verschillende desserts zoals rijstwafels, pudding of ijs.

33. Framboos & Gemzen Pichi-Pichi

INGREDIËNTEN:
- 2 kopjes geraspte cassave (vers of bevroren, ontdooid)
- 1 kopje suiker
- 1 kopje water
- 1 kopje kokosmelk
- Frambozen siroop
- Chamoy saus

INSTRUCTIES:
a) Meng in een kom geraspte cassave, suiker, water en kokosmelk. Meng goed totdat de suiker is opgelost en de ingrediënten volledig zijn opgenomen.
b) Giet het mengsel in een ingevette pan of vorm.
c) Stoom het mengsel ongeveer 30-40 minuten of tot het stevig en stevig is.
d) Eenmaal gekookt, laat u de pichi-pichi afkoelen voordat u deze in porties snijdt.
e) Besprenkel frambozensiroop en chamoysaus over de pichi-pichi voordat je hem serveert voor extra smaak.

34.Horchata Bibingka

INGREDIËNTEN:
- 2 kopjes kleefrijstmeel
- 1 kopje kokosmelk
- 1 kopje horchata (rijstmelk)
- 1 kopje suiker
- 1/4 kopje gesmolten boter
- 1 theelepel bakpoeder
- 1/2 theelepel vanille-extract
- Bananenbladeren (voor het bekleden van de ovenschaal)

INSTRUCTIES:
a) Verwarm uw oven voor op 175°C. Vet een ovenschaal in er bekleed deze met bananenbladeren.
b) Meng in een kom kleefrijstmeel, kokosmelk, horchata, suiker gesmolten boter, bakpoeder en vanille-extract. Meng tot eer gladde massa.
c) Giet het mengsel in de voorbereide ovenschaal.
d) Bak gedurende 30-40 minuten of tot de bibingka gaar is er goudbruin aan de bovenkant.
e) Serveer warm en geniet van de unieke mix van smaken!

35.Koekjes & Room Suman Moron

INGREDIËNTEN:
- 2 kopjes kleefrijstmeel
- 1 kopje kokosmelk
- 1/2 kopje cacaopoeder
- 1/2 kopje suiker
- Gemalen chocoladekoekjes (zoals Oreo), voor het vullen e topping

INSTRUCTIES:
a) Meng het kleefrijstmeel, de kokosmelk, het cacaopoeder en d suiker in een kom tot alles goed gemengd is.
b) Bereid de bananenbladeren voor door ze in rechthoekige stukke te snijden en ze lichtjes met olie in te borstelen om plakken t voorkomen.
c) Schep een lepel van het mengsel in het midden van el bananenblad.
d) Voeg een laag gemalen chocoladekoekjes toe bovenop he mengsel.
e) Rol het bananenblad op tot een cilindrische vorm en sluit d randen af.
f) Stoom de suman-idioot ongeveer 30-40 minuten of tot hij gaar is
g) Eenmaal gekookt, haal je de suman-idioot uit de stoomboot en laa je ze afkoelen.
h) Haal de suman-idioot uit de bananenbladeren en rol ze in gemaler chocoladekoekjes om ze te bedekken.
i) Serveer en geniet van de cookies & cream suman idioot!

36.Speculaas Biko

INGREDIËNTEN:
- 2 kopjes kleefrijst
- 1 blikje (14 ons) gecondenseerde melk
- 1 kopje kokosmelk
- 1/2 kopje speculoospasta (koekjesboter)
- 1/2 kopje bruine suiker
- Gemalen speculooskoekjes, voor de topping

INSTRUCTIES:
a) Kook kleefrijst volgens de instructies op de verpakking.
b) Meng in een aparte pot de gecondenseerde melk, kokosmelk speculoospasta en bruine suiker. Kook op middelhoog vuur, onde voortdurend roeren, tot alles goed gemengd en enigszins ingedik is.
c) Voeg de gekookte kleefrijst toe aan het melkmengsel en roer to deze volledig bedekt is.
d) Breng het mengsel over naar een ingevette ovenschaal en maa het oppervlak glad met een spatel.
e) Bak in een voorverwarmde oven op 175°C gedurende 20-2! minuten of tot de bovenkant goudbruin is.
f) Haal het uit de oven en laat het iets afkoelen.
g) Strooi er voor het serveren gemalen speculooskoekjes overheen.
h) Snijd in vierkanten en serveer als een heerlijk dessert o tussendoortje.

37. Gemarmerde Tahini Palitaw

INGREDIËNTEN:
- 2 kopjes kleefrijstmeel
- 1 kopje water
- 1/4 kopje sesamzaadjes
- 1/4 kop tahini
- 1/4 kopje suiker
- Geraspte kokosnoot (voor coating)

INSTRUCTIES:
a) Meng het kleefrijstmeel en het water in een kom tot een glad deeg ontstaat.
b) Verdeel het deeg in twee gelijke porties.
c) Meng in één portie sesamzaadjes en tahini tot alles goed gemengd is.
d) Rol elke portie in kleine balletjes en druk ze een beetje plat om schijven te vormen.
e) Breng een pan water aan de kook en laat de deegschijven in het kokende water vallen.
f) Kook tot de schijven naar de oppervlakte drijven, verwijder ze vervolgens met een schuimspaan en laat het overtollige water weglopen.
g) Rol de gekookte schijven in suiker en geraspte kokosnoot voor coating.
h) Serveer de gemarmerde tahini palitaw als heerlijk tussendoortje of dessert.

38. Espasol-beten

INGREDIËNTEN:
- 2 kopjes kleefrijstmeel
- 1 blikje (14 ons) kokosmelk
- 1 kopje suiker
- Geroosterde kokosnootvlokken (voor coating)

INSTRUCTIES:
a) Rooster het kleefrijstmeel in een pan op middelhoog vuur tot he licht goudbruin en geurig is.
b) Meng kokosmelk en suiker in een aparte pot. Kook op middelhoo vuur tot de suiker is opgelost.
c) Voeg geleidelijk het geroosterde kleefrijstmeel toe aan he kokosmelkmengsel, onder voortdurend roeren tot er een dik dee ontstaat.
d) Haal het deeg van het vuur en laat het iets afkoelen.
e) Rol het deeg in kleine hapklare balletjes en rol ze vervolgens doo geroosterde kokosnootvlokken om ze te bedekken.
f) Serveer de espasolbites als heerlijk tussendoortje of dessert.

39. Mini Salabundt-taarten

INGREDIËNTEN:
- 2 kopjes All-purpose Flour
- 1 kopje suiker
- 1/2 kopje boter, verzacht
- 1/2 kopje melk
- 2 eieren
- 1 theelepel bakpoeder
- 1/2 theelepel zuiveringszout
- 1/4 theelepel zout
- 2 eetlepels geraspte gember (of gemberpoeder)
- 1/4 kopje honing (optioneel, voor glazuur)

INSTRUCTIES:
a) Verwarm uw oven voor op 175°C. Mini-cakevormpjes invetten.
b) Klop in een kom de boter en de suiker tot een licht en luchtig geheel.
c) Klop de eieren één voor één erdoor tot ze goed gemengd zijn.
d) Zeef de bloem, bakpoeder, zuiveringszout en zout in een aparte kom.
e) Voeg geleidelijk de droge ingrediënten toe aan de natte ingrediënten, afgewisseld met melk, en meng tot alles net gemengd is.
f) Roer de geraspte gember erdoor tot deze gelijkmatig door het beslag is verdeeld.
g) Schep het beslag in de voorbereide mini-bundtcakevormen en vul ze elk ongeveer 3/4 vol.
h) Bak gedurende 20-25 minuten of tot een tandenstoker die je in het midden steekt er schoon uitkomt.
i) Laat de cakes een paar minuten afkoelen in de vormen voordat je ze op een rooster legt om volledig af te koelen.
j) Optioneel: Besprenkel honing over de afgekoelde cakes voor extra zoetheid en smaak.

40. Confetti Pianono

INGREDIËNTEN:
- 6 eieren, gescheiden
- 3/4 kopje suiker
- 1 kop cakemeel
- 1 theelepel bakpoeder
- 1/4 kop regenboogconfetti-hagelslag
- Poedersuiker (om te bestuiven)

INSTRUCTIES:
a) Verwarm uw oven voor op 175°C. Vet een bakplaat in en bekleed deze met bakpapier.
b) Klop de eiwitten in een grote mengkom tot er stijve pieken ontstaan. Voeg geleidelijk suiker toe en blijf kloppen tot het glanst
c) Klop in een aparte kom de eidooiers bleek en romig.
d) Zeef het cakemeel en het bakpoeder over de losgeklopte eierdooiers en roer voorzichtig tot het net gemengd is.
e) Spatel voorzichtig het opgeklopte eiwit erdoor tot er geen strepen meer achterblijven.
f) Vouw de regenboogconfetti-hagelslag erdoor tot ze gelijkmatig door het beslag zijn verdeeld.
g) Giet het beslag op de voorbereide bakplaat en verdeel het gelijkmatig met een spatel.
h) Bak gedurende 10-12 minuten of tot de cake licht goudbruin is en terugveert als je hem lichtjes aanraakt.
i) Haal de cake uit de oven en laat hem iets afkoelen.
j) Bestrooi de bovenkant van de cake met poedersuiker en rol hem voorzichtig op met bakpapier terwijl hij nog warm is.
k) Laat de cake volledig afkoelen voordat je hem aansnijdt en serveert.

41.Ananas ondersteboven guave cupcakes

INGREDIËNTEN:
- 1 blikje (20 ons) ananasschijfjes, uitgelekt
- 1/2 kopje bruine suiker
- 1/4 kopje ongezouten boter
- Maraschino-kersen (optioneel)
- 1 1/2 kopjes bloem voor alle doeleinden
- 1 theelepel bakpoeder
- 1/4 theelepel zout
- 1/2 kop ongezouten boter, verzacht
- 3/4 kopje kristalsuiker
- 2 grote eieren
- 1 theelepel vanille-extract
- 1/2 kopje guavesap

INSTRUCTIES:
a) Verwarm uw oven voor op 175°C. Vet een muffinvorm in of bekleed deze met cupcakevormpjes.
b) Smelt in een pan 1/4 kopje boter op middelhoog vuur. Voeg bruine suiker toe en roer tot het is opgelost en bruist.
c) Verdeel het mengsel van bruine suiker over de muffinbekers en plaats een schijfje ananas op de bodem van elke beker. Plaats desgewenst een maraschinokers in het midden van elk ananasschijfje.
d) Meng in een kom de bloem, bakpoeder en zout.
e) Klop in een andere kom 1/2 kopje zachte boter en kristalsuiker tot het licht en luchtig is.
f) Voeg de eieren één voor één toe en klop goed na elke toevoeging. Roer het vanille-extract erdoor.
g) Voeg geleidelijk de droge ingrediënten toe aan de natte ingrediënten, afgewisseld met guavesap, en meng tot alles net gemengd is.
h) Verdeel het beslag gelijkmatig over de muffinvormpjes en bedek de ananasplakken.
i) Bak gedurende 18-20 minuten of tot een tandenstoker die in het midden wordt gestoken er schoon uitkomt.
j) Laat de cupcakes een paar minuten afkoelen in de muffinvorm voordat u ze op een serveerschaal plaatst.
k) Serveer de ananas upside-down guave cupcakes warm of op kamertemperatuur en geniet van de heerlijke tropische smaken!

42.Ube Macapuno gesmolten lavacakes

INGREDIËNTEN:
- 1/2 kop ongezouten boter
- 4 ons witte chocolade, gehakt
- 2 grote eieren
- 2 grote eidooiers
- 1/4 kop kristalsuiker
- 1/4 theelepel zout
- 1/4 kopje bloem voor alle doeleinden
- 1/2 kop ube halaya (bereid volgens recept hierboven)
- 1/2 kop macapuno-snaren of reepjes

INSTRUCTIES:
a) Verwarm uw oven voor op 220°C. Vet vier schaaltjes in en plaats ze op een bakplaat.
b) Smelt de boter en de witte chocolade in een magnetronbestendige kom in korte stukjes, roer tussen elke stoot door, tot een gladde massa. Laat het iets afkoelen.
c) Klop in een aparte kom de eieren, eierdooiers, suiker en zout tot ze bleek en dik zijn.
d) Roer het mengsel van gesmolten boter en witte chocolade erdoor tot het goed gemengd is.
e) Spatel de bloem erdoor tot het net gemengd is.
f) Verdeel de helft van het beslag gelijkmatig over de voorbereide schaaltjes.
g) Plaats een lepel ube halaya- en macapuno-slierten in het midden van elke vorm en bedek met het resterende beslag.
h) Bak gedurende 12-14 minuten of tot de randen stevig zijn maar het midden nog zacht is.
i) Haal ze uit de oven en laat ze een minuutje afkoelen.
j) Ga voorzichtig met een mes langs de rand van elke cake om deze los te maken en keer hem vervolgens om op serveerschalen.
k) Serveer de ube macapuno gesmolten lavacakes onmiddellijk en geniet van de weelderige, druipende vulling!

43. Marshmallow-gevulde Mamon

INGREDIËNTEN:
- 1/2 kopje cakemeel
- 1/2 kopje bloem voor alle doeleinden
- 1 theelepel bakpoeder
- 1/4 theelepel zout
- 1/2 kop ongezouten boter, verzacht
- 1/2 kopje kristalsuiker
- 4 grote eierdooiers
- 1/4 kopje melk
- 1 theelepel vanille-extract
- Marshmallows, in kleine stukjes gesneden

INSTRUCTIES:
a) Verwarm uw oven voor op 175°C. Vet muffinvormpjes in en bebloem ze, of bekleed ze met cupcakevormpjes.
b) Zeef cakemeel, bloem voor alle doeleinden, bakpoeder en zout in een kom.
c) Klop in een andere kom de boter en de suiker tot een licht en luchtig geheel.
d) Voeg de eidooiers één voor één toe en klop goed na elke toevoeging. Roer het vanille-extract erdoor.
e) Voeg geleidelijk de droge ingrediënten toe aan het botermengsel, afgewisseld met melk, en meng tot een gladde massa.
f) Vul elk muffinblikje voor de helft met het beslag.
g) Plaats een stuk marshmallow in het midden van elke muffinvorm en bedek met meer beslag totdat de kopjes ongeveer 3/4 vol zijn.
h) Bak gedurende 15-18 minuten of tot ze goudbruin zijn en een tandenstoker die je in het midden steekt er schoon uitkomt.
i) Laat de met marshmallows gevulde mamon een paar minuten afkoelen in de muffinvorm voordat je ze op een rooster legt om volledig af te koelen.
j) Serveer de met marshmallows gevulde mamon als een heerlijk tussendoortje of dessert, en geniet bij elke hap van het verrassende marshmallow-centrum!

44. Yema Buckeyes

INGREDIËNTEN:

- 1 kopje romige pindakaas
- 1/2 kop poedersuiker
- 1/4 kop ongezouten boter, verzacht
- 1 theelepel vanille-extract
- Snufje zout
- 1 kop halfzoete chocoladestukjes
- 1 eetlepel plantaardig bakvet

INSTRUCTIES:

a) Meng in een kom pindakaas, poedersuiker, zachte boter, vanille-extract en zout tot alles goed gemengd is.
b) Vorm van het pindakaasmengsel kleine balletjes en leg deze op een met bakpapier beklede bakplaat.
c) Zet de pindakaasbolletjes ongeveer 30 minuten in de koelkast om op te stijven.
d) Smelt chocoladestukjes en plantaardig bakvet in een magnetronbestendige kom in korte uitbarstingen, roer tussen elke uitbarsting, tot een gladde massa.
e) Dompel elke gekoelde pindakaasbal met een tandenstoker of vork in de gesmolten chocolade en laat een klein deel onbedekt zodat het op een buckeye lijkt.
f) Plaats de gedoopte balletjes terug op de met bakpapier beklede bakplaat.
g) Zodra alle balletjes zijn ondergedompeld, plaatst u de bakplaat terug in de koelkast zodat de chocolade kan opstijven.
h) Zodra de chocolade is uitgehard, haal je de buckeyes uit de koelkast en geniet je ervan als een heerlijke traktatie!

MANGO-DESSERTS

45. Mango-Chili-cheesecake

INGREDIËNTEN:
- 1 1/2 kopjes graham crackerkruimels
- 1/4 kop kristalsuiker
- 1/2 kop ongezouten boter, gesmolten
- 16 ons roomkaas, verzacht
- 1/2 kop poedersuiker
- 1 theelepel vanille-extract
- 1 kopje zware room
- 1 kopje mangopuree
- 1-2 theelepels chilipoeder (naar smaak aanpassen)
- Mangoschijfjes en chilivlokken voor garnering (optioneel)

INSTRUCTIES:

a) Verwarm uw oven voor op 175°C. Vet een springvorm van 9 inch in.

b) Meng in een kom de crackerkruimels van Graham, de kristalsuiker en de gesmolten boter tot alles goed gemengd is. Druk het mengsel op de bodem van de voorbereide springvorm.

c) Bak de korst gedurende 10 minuten, haal hem dan uit de oven en laat hem volledig afkoelen.

d) Klop de roomkaas in een grote mengkom glad en romig.

e) Voeg poedersuiker en vanille-extract toe en klop tot alles goed gemengd is.

f) Klop in een aparte kom de slagroom stijf tot er stijve pieken ontstaan.

g) Spatel de slagroom voorzichtig door het roomkaasmengsel tot een gladde massa.

h) Verdeel het mengsel doormidden. Meng mangopuree in de ene helft en chilipoeder in de andere helft.

i) Giet het mangomengsel over de afgekoelde korst en verdeel het gelijkmatig.

j) Giet het chilimengsel voorzichtig over de mangolaag en verdeel het gelijkmatig.

k) Zet de cheesecake minimaal 4 uur in de koelkast, of tot hij stevig is.

l) Eenmaal uitgehard, garneer eventueel met mangoschijfjes en chilivlokken voordat je het serveert.

46.Verse mango, honing en kokosnoot

INGREDIËNTEN:
- 2 rijpe mango's, geschild en in reepjes gesneden
- 4 eetlepels heldere honing
- 20 g gedroogde kokosnoot, licht geroosterd tot ze goudbruin zij (of 4 theelepels kokosvlokken)
- ¼ theelepel gemalen kaneel

INSTRUCTIES:
a) Leg de mango op een serveerbord, besprenkel met de honing e strooi er vervolgens de kokosnoot en kaneel over.
b) Serveer met vanille-ijs of kleefrijst.

47. Filippijnse mango-kleefrijstdessert

INGREDIËNTEN:
- Kleefrijst: 1 en een ½ kopje
- Kopjes ongezoete kokosmelk: 1 ⅓ kopje
- Kristalsuiker: ½ kopje
- Zout: ¼ theelepel
- Sesamzaad: 1 eetlepel (licht geroosterd)
- Grote mango: 1 (in blokjes gesneden, geschild en ontpit)

INSTRUCTIES:
a) Week de rijst in koud water gedurende 30 minuten.
b) Meng de rijst en 2 kopjes water in een grote pan. Breng aan de kook, afgedekt.
c) Zet het vuur laag en kook 15-20 minuten tot het water begint te koken.
d) Voeg in een andere pot 1 kopje kokosmelk en ¼ kopje suiker toe Kook tot de suiker oplost.
e) Voeg het mengsel langzaam toe aan de gekookte rijst en laat het 30 minuten staan. Bereid de saus voor
f) Kook de resterende suiker en kokosmelk in een kleine pan op laag vuur gedurende ongeveer 10-15 minuten.
g) Serveer de kleefrijst met gesneden of in blokjes gesneden mango, besprenkeld met kokossaus en sesamzaadjes erover gestrooid.

48.Mango & Chili-ijstaart

INGREDIËNTEN:
- 1 kant-en-klare taartbodem (of zelfgemaakt)
- 2 kopjes mango-ijs
- 2 kopjes chili-ijs
- Mangoschijfjes en chilivlokken voor garnering (optioneel)

INSTRUCTIES:
a) Verwarm uw oven voor op 190°C.
b) Bak de taartbodem volgens de instructies op de verpakking of tot hij goudbruin is. Laat het volledig afkoelen.
c) Zodra de taartbodem is afgekoeld, verdeel je het mango-ijs gelijkmatig over de bodem.
d) Verdeel het chili-ijs gelijkmatig over de mango-ijslaag.
e) Bedek de taart met plasticfolie en vries hem minimaal 4 uur in, of tot hij stevig is.
f) Eenmaal bevroren, garneer eventueel met mangoschijfjes en chilivlokken voordat je het serveert.

49. Kokos Tapioca Pudding Met Mango

INGREDIËNTEN:
- Kokosmelk: 2 blikjes
- Tapiocakorrels: ¼ kopje
- Ongezoete kokosnoot: ½ kopje (versnipperd)
- Honing: 2 eetlepels
- Verse mango: 1 (geschild en gehakt)
- Schil limoen: 1

INSTRUCTIES:
a) Verwarm de kokosmelk in een pan op middelhoog vuur tot he kookt.
b) Voeg de tapioca en de geraspte kokosnoot toe, kook gedurend 15 minuten en roer regelmatig.
c) Combineer de honing en plaats het mengsel in de koelkast om o te stijven.
d) Doe de mangostukjes, een scheutje honing en de limoensch bovenop de tapiocapudding in kommen. Veel plezier!

50. Sterfruit In Mango-Sinaasappelsaus

INGREDIËNTEN:
- Sterfruit: 1 rijp (vers, bijgesneden, zaden verwijderd en in plakje gesneden)
- Sinaasappelsap: 1 kopje
- Mango: 1 rijp, vers
- Bruine suiker: ¼ kopje
- Kokosmelk: 1 kopje
- Granaatappelpitjes/kersen: een handvol, vers

INSTRUCTIES:
a) Plaats de plakjes sterfruit in een pot op het vuur.
b) Voeg het sinaasappelsap toe aan het mengsel. Zet het vuur hoog en roer voortdurend totdat het sap begint te koken.
c) Zet het vuur laag en laat het sap 10 minuten koken.
d) Pureer de mango in een blender. Meng tot het mengsel glad er gepureerd is.
e) Als de stervrucht bijna d1 is, voeg dan de suiker/zoetstof toe er meng om op te lossen.
f) Haal de pot van het vuur.
g) Roer de mangopuree erdoor tot deze volledig is opgenomen. Pas de suiker naar eigen smaak aan.
h) Leg per schaal 3-sterren fruitschijfjes met voldoende saus om het fruit volledig te bedekken.
i) Druppel er wat kokosmelk overheen.

51. Mango & Chili-ijstaart

INGREDIËNTEN:
- 1 kant-en-klaar biscuitgebak of pondcake
- 2 kopjes mango-ijs
- 2 kopjes chili-ijs
- Mangoschijfjes en chilivlokken voor garnering (optioneel)

INSTRUCTIES:
a) Bekleed een ronde cakevorm van 9 inch met plasticfolie en laat wat overhang aan de zijkanten.
b) Snijd de biscuit horizontaal in twee lagen.
c) Plaats een laag biscuitgebak op de bodem van de voorbereide cakevorm.
d) Verdeel het mango-ijs gelijkmatig over de biscuitlaag.
e) Plaats de tweede laag biscuitgebak op het mango-ijs.
f) Verdeel het chili-ijs gelijkmatig over de tweede biscuitlaag.
g) Bedek de cakevorm met plasticfolie en vries hem minimaal 4 uur in, of tot hij stevig is.
h) Eenmaal bevroren, haalt u de cake uit de pan door de plasticfolie op te tillen.
i) Garneer eventueel met mangoschijfjes en chilivlokken voordat je het serveert.

52. Mangovlotter

INGREDIËNTEN:
- 4 rijpe mango's, geschild en in plakjes gesneden
- 1 blikje (14 oz) gezoete gecondenseerde melk
- 1 pakje grahamcrackers (200 g).
- 1 pakje (250 ml) slagroom of slagroom

INSTRUCTIES:
a) Meng in een kom gezoete gecondenseerde melk en slagroom of slagroom. Meng tot alles goed gemengd is.
b) Leg in een rechthoekige ovenschaal een laag graham crackers op de bodem.
c) Verdeel een laag van het melk-roommengsel over de graham crackers.
d) Voeg een laag gesneden mango's toe bovenop het melk-roommengsel.
e) Herhaal de lagen totdat alle ingrediënten zijn gebruikt en eindig met een laag melk-roommengsel erop.
f) Laat de mangovlotter een nacht of minimaal 4 uur in de koelkast staan om op te stijven.
g) Serveer gekoeld en geniet van het romige en fruitige dessert.

BANANENDESSERTS

53.Filippijnse gestoomde bananencake

INGREDIËNTEN:
- Kokosnootvlokken: 1 pakje
- Zout: ¼ theelepel
- Rijstmeel: ½ kopje
- Tapiocameel: ¾ kopje
- Pijlwortelzetmeel: ½ eetlepel
- Ongezoete kokosroom: 1 kopje
- Witte suiker: ½ kopje
- Rijpe bananen: 1 pond (gepureerd)
- Kokosmelk: ½ kopje

INSTRUCTIES:

a) Meng in een kopje de kokosnoot en ¼ theelepel zout; opzij zetten.
b) Zeef het rijstmeel, het pijlwortelzetmeel en het tapiocameel in een grote mengkom.
c) Meng de kokosroom erdoor en roer gedurende minimaal 10 minuten.
d) Voeg vervolgens de suiker toe en roer totdat deze is opgelost.
e) Meng de geprakte banaan er goed door.
f) Meng de kokosmelk en ⅛ theelepel zout grondig.
g) Vul een bakblik (vierkant) of bakjes van aluminiumfolie met het beslag. Garneer met de kokosnoot die opzij is gezet.
h) Breng ongeveer 2,5 cm water aan de kook in een stoomboot met een grote mand; Stoom de cake gedurende 20 tot 25 minuten boven kokend water tot hij gaar is.

54.Bananenbeignetballetjes

INGREDIËNTEN:
- 1kg rijpe bananen, geschild
- 4 eetlepels witte suiker
- 140 g gewone bloem
- 70 g zelfrijzend bakmeel
- ½ theelepel fijn zeezout
- 700 ml plantaardige olie

INSTRUCTIES:
a) Pureer de bananen in een kom tot ze glad en gepureerd zijn en voeg dan de suiker, de bloem en het zout toe, samen met 2 eetlepels water. Goed mengen.
b) Verhit de olie in een diepe pan op middelhoog vuur. Om te controleren of het heet genoeg is, doe je er een halve theelepel van het mengsel in. Als je de olie ziet wegborrelen, dan is het klaar. Als je een thermometer hebt, moet deze tussen de 180 en 200 °C zijn.
c) Laat voorzichtig kleine klodders mengsel in de hete olie vallen. Ze moeten allemaal uitzetten tot de grootte van een golfbal.
d) Frituur de balletjes gedurende 3-4 minuten, totdat de kleur verandert in een rijke donkerbruine kleur. Haal het met een schuimspaan uit de pan en leg het op keukenpapier om de overtollige olie weg te laten lopen.
e) Serveer eventueel met vanille-ijs.

55.Filipijns Banaan-Lychee-dessert In Kokosmelk

INGREDIËNTEN:
- Rijpe bananen: 2 kleine
- Kokosmelk: 1 blikje (normaal of light)
- Bruine suiker: ¼-⅓ kopje
- Snufje zout: 1 snuifje
- Lychees: acht-tien (vers of ingeblikt)

INSTRUCTIES:
a) Schil de bananen en snijd ze in plakjes van 2 inch.
b) Verwarm de kokosmelk in een pan op middelhoog vuur.
c) Roer de suiker en het zout erdoor tot ze volledig zijn opgelost.
d) Voeg ¼ kopje suiker toe. Doe er wat meer bij als je het zoeter vindt.
e) Voeg de bananen en lychees toe. Roer tot de bananen en lychees goed opgewarmd zijn (1 tot 2 minuten).
f) Serveer koud of warm.

56. Filippijnse bananen in kokosmelk

INGREDIËNTEN:
- Bananen: 2 (geschild, dikke ronde plakjes)
- Kokosmelk: 180 ml
- 1½ eetlepel witte sesamzaadjes
- Witte suiker: 90 g
- Water: 120 ml
- Zout: ½ theelepel

INSTRUCTIES:
a) Meng suiker en water in een pan op middelhoog vuur tot de suiker is opgelost.
b) Kook gedurende 10 minuten na het toevoegen van de gesneden bananen.
c) Haal de bananen uit de pot.
d) Voeg kokosmelk, sesamzaadjes en ½ theelepel zout toe aan dezelfde pan.
e) Breng aan de kook en zet dan het vuur uit.
f) Giet de kokosmelksaus over de bananen en bestrooi met witte sesamzaadjes. Serveer onmiddellijk.

57.Zoete Aardappel & Banaan In Kokosmelk

INGREDIËNTEN:
- 200 g zoete aardappel, geschild en in blokjes van 2 cm gesneden
- 800 ml kokosmelk
- 100 g witte suiker
- ½ theelepel zout
- 6 bananen, geschild en diagonaal in plakjes van 2 cm gesneden

INSTRUCTIES:
a) Kook de aardappelen in een pan met 500 ml water gedurende 8 minuten, giet ze af en zet ze opzij. Spoel de pan af en droog hem af met keukenpapier.
b) Voeg de kokosmelk, suiker en zout toe aan de pan en breng op middelhoog vuur aan de kook. Zet het vuur laag, voeg de aardappelen en plakjes banaan toe en kook 2-3 minuten.
c) Zet het vuur uit en serveer.

58. Bananenloempia's

INGREDIËNTEN:
- 2 grote bananen:
- Loempia-verpakkingen
- 1 kopje bruine suiker
- Olie om te frituren

INSTRUCTIES:
a) Verwarm de olie in een frituurpan.
b) Bananen moeten worden geschild en in de lengte in ½ gesneden.
c) Leg 1 plakje banaan diagonaal om de hoek van een loempiavelletje en strooi er naar smaak bruine suiker over.
d) Ga door met rollen van de hoek naar het midden, terwijl je de bovenste en onderste hoeken naar binnen vouwt. Borstel de laatste rand met uw vinger in water gedompeld om deze af te dichten. Rep met de rest van de plakjes banaan.
e) Bak een paar bananenrollen tegelijk tot ze gelijkmatig bruin zijn in de hete olie. Serveer warm of gekoeld.

RIJST DESSERTS

59. Rijst & Kokosnoot Gestoomde Cake

INGREDIËNTEN:

- 8 stuks bananenblad (of aluminiumfolie), 10×30cm
- ½ theelepel fijn zeezout
- 200 g rijstmeel
- 100 g gedroogde kokosnoot
- 50 g melassesuiker

INSTRUCTIES:

a) Maak de bananenbladeren schoon, indien gebruikt, en maak ze zacht door ze een paar seconden op een laag vuur of boven stoom uit een waterkoker te plaatsen.

b) Doe het zout in een grote kom met 150 ml lauw water en meng goed. Voeg beetje bij beetje het rijstmeel toe, zodat er een deeg ontstaat. Druk het deeg door de gaten in een zeef met middelgrote gaten, zodat een broodkruimelachtige textuur ontstaat. Voeg de gedroogde kokosnoot toe aan het mengsel en meng goed.

c) Zet een stoompan op of plaats een rooster in een wok of diepe pan met deksel. Giet er 5 cm water bij en breng op hoog vuur aan de kook.

d) Om een bananenbladvorm te maken, rolt u een blad (of de aluminiumfolie) in een cilindervorm van ongeveer 4 cm in diameter. Bind een touwtje om de mal om deze vast te zetten. Vul de vorm voor de helft met het kokosmengsel, maak een gat in het midden en voeg 1 theelepel suiker toe. Vul nu de andere helft van de vorm en druk het mengsel er voorzichtig en niet te hard in, anders wordt het te compact. Het mengsel zal het vocht uit de stoom opnemen.

e) Herhaal met de rest van de bananenbladeren en het resterende mengsel. Leg de broodjes in de stomer en stoom gedurende 10 minuten.

f) Verwijder de bananenbladvormpjes en serveer onmiddellijk.

60. Rijstpudding Met Donkere Kokossuikersiroop

INGREDIËNTEN:
- 100 g kortkorrelige puddingrijst
- 50 g donkere kokossuiker
- 100 g melassesuiker
- 1 pandanblad, vastgebonden in een knoop (optioneel)
- 600 ml kokosmelk
- ½ theelepel fijn zeezout

INSTRUCTIES:

a) Doe de rijst in een grote pan en bedek met water. Breng aan de kook, zet het vuur laag en laat ongeveer 20 minuten koken, of tot al het water is opgenomen.

b) Giet de kokosmelk in de pan en laat nog 15 minuten koken, totdat alle melk is opgenomen. Haal de hitte weg.

c) Doe de donkere kokosnoot- en melassesuiker en de pandanknoop in een kleine pan en voeg 150 ml water toe. Breng op middelhoog vuur aan de kook, zet het vuur lager en kook gedurende 5 minuten om de hoeveelheid tot de helft terug te brengen.

d) Schep voor het serveren de rijstpudding in kleine kommetjes en giet de suikersiroop erover.

61. Filippijnse dessertrijstbekers

INGREDIËNTEN:
- Kokosmelk: 1 ⅔ kopjes
- Water: 1 ⅓ kopjes
- Kortkorrelige rijst: 1 en een ½ kopje
- Suiker: 3 eetlepels
- Zout: 2 eetlepels
- Filippijnse mango's: 2 (rijp)
- Witte nectarine: 3

INSTRUCTIES:
a) Haal de dikke laag kokosmelk uit het blik en laat de helft over.
b) Kook vloeibare kokosmelk met water.
c) Roer de kortkorrelige rijst, het zout en de suiker erdoor.
d) Kook, afgedekt, gedurende 25 minuten op laag vuur, of tot de rijst gaar is.
e) Voeg nu de kokosroom toe aan de rijst.
f) Verwijder de st1 van 5 nectarineshelften, was ze en halveer ze. De resterende ½ moet in dunne partjes worden gesneden.
g) Snij 8 dunne partjes van 1 van de mango's. Schil de resterende mango's en snijd ze in blokjes.
h) Verdeel de kleefrijst over 4 grote glazen, garneer met in blokjes gesneden fruit en serveer met partjes fruit ernaast.

62. Rijst & Kokos Zoete Pannenkoek

INGREDIËNTEN:
- 150 g rijstmeel
- 50 g gewone bloem
- 1 theelepel gedroogde gist
- 6 eetlepels witte suiker
- 200 ml kokosmelk
- 2 eetlepels plantaardige olie of boter, om in te vetten

INSTRUCTIES:

a) Doe de rijst, het gewone meel, de gist, de suiker en de kokosmelk in een kom en voeg 200 ml water toe. Klop tot het beslag goed gemengd is, zeef het dan in een andere kom, dek af met huishoudfolie en zet het 1 uur opzij.

b) Zorg ervoor dat een koekenpan van 20-25 cm goed heet is en vet deze in met een beetje olie of boter. Schep 1 pollepel beslag uit de pan en giet dit in één keer in de hete pan. Zodra het beslag de pan raakt, kantelt u de pan zodat deze zich verspreidt en een dunne laag rond de rand ontstaat.

c) Het duurt slechts ongeveer 1 minuut voordat het dunne beslag rond de rand knapperig goudbruin begint te worden. Vouw het om en schep het dan uit de pan. Herhaal met het resterende beslag. Het lekkerst warm geserveerd.

63. Pandanvla en kleverige rijst gelaagd zoet

INGREDIËNTEN:
- 300 g kleefrijst, 4 uur geweekt in water
- 650 ml kokosmelk
- 1 theelepel fijn zeezout
- 4 middelgrote eieren
- 200 g witte suiker
- ½ eetlepel pandanextract (zie hierboven, of 2 theelepels vanille extract)
- 3 eetlepels maizena
- 3 eetlepels gewone bloem

INSTRUCTIES:
a) Zet een stoompan op of plaats een rooster in een wok of diepe pan met deksel. Giet er 5 cm water bij en breng op middelhoog vuur aan de kook.
b) Doe de kleefrijst in een rond cakeblik van 23 cm, ongeveer 6 cm hoog of hoger, plaats het in de stomer en stoom gedurende 30 minuten. Laat het 5 minuten rusten, voeg dan 200 ml kokosmelk en het zout toe en druk de gestoomde rijst aan tot deze waterpas staat. Stoom nogmaals gedurende 10 minuten.
c) Klop voor de custardlaag de eieren en de suiker in een kom tot de suiker is opgelost. Voeg het pandanextract (of vanille-extract, als je geen pandan kunt vinden) en de resterende kokosmelk toe en meng goed. Zeef de bloem erdoor en klop tot alles goed gemengd is.
d) Giet het mengsel op de gestoomde kleefrijst, strijk de bovenkant glad en stoom op middelhoog vuur gedurende 1 uur. Laat het deksel van de stoompan een beetje open staan om te voorkomen dat er water uit de stoom op de custardlaag druppelt.
e) Eenmaal gekookt, volledig afkoelen, vervolgens in plakjes snijden en serveren.

FRUIT SALADES

64. Buko-salade

INGREDIËNTEN:
- 2 kopjes jonge kokosnoot (buko), geraspt
- 1 blikje (20 oz) fruitcocktail, uitgelekt
- 1 kopje nata de coco (kokosgel), uitgelekt
- 1 kop kaong (suikerpalmfruit), uitgelekt
- 1 kopje gezoete gecondenseerde melk
- 1 kopje slagroom of slagroom
- 1 kopje mini-marshmallows (optioneel)

INSTRUCTIES:
a) Meng in een grote mengkom geraspte jonge kokosnoot, fruitcocktail, nata de coco en kaong.
b) Voeg gezoete gecondenseerde melk en slagroom of slagroom toe. Meng goed totdat alle ingrediënten bedekt zijn.
c) Voeg indien gewenst mini-marshmallows toe en spatel ze voorzichtig door de salade.
d) Zet de bukosalade minimaal 1 uur in de koelkast voordat je hem serveert.
e) Serveer gekoeld als verfrissend en romig dessert.

65.Fruitsalade in Filippijnse stijl

INGREDIËNTEN:
- 1½ kopjes Zware room
- 8 Ons pakket roomkaas
- Drie blikjes fruitcocktail van 14 ounce, uitgelekt
- 14-ounce blikjes ananasstukjes, uitgelekt
- 14 Ons blik lychees, uitgelekt
- 1 kopje kokosnoot
- 8-ounce pakket gehakte amandelen
- 1½ kopjes in blokjes gesneden appels

INSTRUCTIES:
a) Meng zware room en roomkaas tot een gladde sausachtige consistentie. Combineer met andere ingrediënten en meng goed, laat het een nacht afkoelen.
b) Lychees kun je achterwege laten, gebruik een tropische fruitcocktail in plaats van de gewone fruitcocktail en maak er vier blikjes van.
c) Filippino's gebruiken iets dat Nestles Cream heet, maar het is niet gemakkelijk te vinden.

66. Tropische Fruitsalade

INGREDIËNTEN:
- 1 halfrijpe mango, in blokjes gesneden
- 200 g in blokjes gesneden verse ananas
- 10 lychees
- 4 kiwi's, in vieren
- Zaden van 1 granaatappel
- 10 muntblaadjes
- ½ theelepel gemalen kaneel
- 1 steranijs
- 500 ml lycheesap

INSTRUCTIES:
a) Doe alle ingrediënten in een grote kom en roer goed door, zodat het kaneelpoeder goed gemengd is.
b) Zet het 20 minuten in de koelkast voordat je het serveert.

BROOD

67. Ensaymada

INGREDIËNTEN:
- 4 kopjes bloem voor alle doeleinden
- 1/2 kopje suiker
- 2 1/4 theelepel instantgist
- 1/2 kopje water
- 4 grote eieren
- 1/2 kopje verdampte melk
- 1/2 kop ongezouten boter, verzacht
- Geraspte kaas voor de topping
- Suiker om te bestuiven

INSTRUCTIES:
a) Meng bloem, suiker en instantgist in een kom.
b) Voeg water, eieren en verdampte melk toe aan de droge ingrediënten. Meng tot er een deeg ontstaat.
c) Voeg zachte boter toe en kneed tot het deeg glad en elastisch wordt.
d) Dek het deeg af en laat het op een warme plaats rijzen tot het in volume verdubbeld is, ongeveer 1-2 uur.
e) Sla het deeg plat en verdeel het in porties.
f) Vorm elke portie in een spiraal- of ronde vorm en plaats ze op een bakplaat bekleed met bakpapier.
g) Laat het gevormde deeg opnieuw rijzen tot het opgezwollen is, ongeveer 30 minuten.
h) Verwarm uw oven voor op 175°C.
i) Bestrijk de bovenkant van elke ensaymada met gesmolten boter en strooi er geraspte kaas over.
j) Bak in de voorverwarmde oven gedurende 15-20 minuten of tot ze goudbruin zijn.
k) Haal uit de oven en laat iets afkoelen. Bestrooi met suiker voor het serveren.

68. Pan de Coco

INGREDIËNTEN:
VOOR HET DEEG:
- 4 kopjes bloem voor alle doeleinden
- 1/2 kopje suiker
- 2 1/4 theelepel instantgist
- 1/2 kopje water
- 1/2 kop kokosmelk
- 2 grote eieren
- 1/4 kopje ongezouten boter, verzacht

VOOR DE VULLING:
- 1 kopje gezoete kokosnootvlokken
- 1/2 kopje bruine suiker

INSTRUCTIES:
a) Meng bloem, suiker en instantgist in een kom.
b) Voeg water, kokosmelk en eieren toe aan de droge ingrediënten. Meng tot er een deeg ontstaat.
c) Voeg zachte boter toe en kneed tot het deeg glad en elastisch wordt.
d) Dek het deeg af en laat het op een warme plaats rijzen tot het in volume verdubbeld is, ongeveer 1-2 uur.
e) Maak ondertussen de vulling klaar door gezoete kokosvlokken en bruine suiker te mengen.
f) Sla het deeg plat en verdeel het in porties.
g) Maak elke portie deeg plat en plaats een lepel vulling in het midden.
h) Omsluit de vulling door de randen van het deeg samen te knijpen en vorm er balletjes van.
i) Leg de gevulde deegballetjes op een bakplaat bekleed met bakpapier.
j) Laat het gevormde deeg opnieuw rijzen tot het opgezwollen is, ongeveer 30 minuten.
k) Verwarm uw oven voor op 175°C.
l) Bak in de voorverwarmde oven gedurende 15-20 minuten of tot ze goudbruin zijn.
m) Haal uit de oven en laat afkoelen voordat je het serveert.

69.Spaans Brood

INGREDIËNTEN:
VOOR HET DEEG:
- 4 kopjes bloem voor alle doeleinden
- 1/2 kopje suiker
- 2 1/4 theelepel instantgist
- 1/2 kopje water
- 1/2 kopje verdampte melk
- 2 grote eieren
- 1/4 kopje ongezouten boter, verzacht

VOOR DE VULLING:
- 1/2 kopje broodkruimels
- 1/2 kopje suiker
- 1/4 kopje ongezouten boter, verzacht

INSTRUCTIES:
a) Meng bloem, suiker en instantgist in een kom.
b) Voeg water, verdampte melk en eieren toe aan de droge ingrediënten. Meng tot er een deeg ontstaat.
c) Voeg zachte boter toe en kneed tot het deeg glad en elastisch wordt.
d) Dek het deeg af en laat het op een warme plaats rijzen tot het in volume verdubbeld is, ongeveer 1-2 uur.
e) Maak ondertussen de vulling klaar door broodkruimels, suiker en zachte boter te mengen tot alles goed gemengd is.
f) Sla het deeg plat en verdeel het in porties.
g) Maak elke portie deeg plat en verdeel er een lepel vulling over.
h) Rol het deeg uit tot een blok en sluit de vulling erin.
i) Snijd elk blok in kleinere stukjes en plaats ze op een bakplaat bekleed met bakpapier.
j) Laat het gevormde deeg opnieuw rijzen tot het opgezwollen is, ongeveer 30 minuten.
k) Verwarm uw oven voor op 175°C.
l) Bak in de voorverwarmde oven gedurende 15-20 minuten of tot ze goudbruin zijn.
m) Haal uit de oven en laat iets afkoelen voordat je het serveert.

70.Turon (Bananenloempia)

INGREDIËNTEN:
- 6 rijpe saba-bananen, geschild en in de lengte gesneden
- Loempiavellen (loempiavellen)
- bruine suiker
- Jackfruitreepjes (optioneel)
- Kookolie om te frituren

INSTRUCTIES:
a) Leg een loempiaverpakking op een vlakke ondergrond.
b) Leg een plakje banaan op de verpakking, bestrooi met bruine suiker en voeg eventueel jackfruitreepjes toe.
c) Rol de loempiaverpakking strak op en vouw de zijkanten naar binnen om de vulling te omsluiten.
d) Sluit de rand af met een beetje water, zodat deze tijdens het frituren niet opengaat.
e) Verhit bakolie in een pan op middelhoog vuur.
f) Bak de turon goudbruin en krokant.
g) Laat ze uitlekken op keukenpapier om overtollige olie te verwijderen.
h) Serveer warm en geniet van de heerlijke combinatie van zoete bananen en knapperige wikkel.

71. Bicho-Bicho (gedraaide donuts)

INGREDIËNTEN:
- 4 kopjes bloem voor alle doeleinden
- 1/2 kopje suiker
- 2 1/4 theelepel instantgist
- 1/2 kopje water
- 1/2 kopje verdampte melk
- 2 grote eieren
- 1/4 kop ongezouten boter, verzacht
- Kookolie om te frituren
- Poedersuiker om te bestuiven

INSTRUCTIES:
a) Meng bloem, suiker en instantgist in een kom.
b) Voeg water, verdampte melk en eieren toe aan de droge ingrediënten. Meng tot er een deeg ontstaat.
c) Voeg zachte boter toe en kneed tot het deeg glad en elastisch wordt.
d) Dek het deeg af en laat het op een warme plaats rijzen tot het in volume verdubbeld is, ongeveer 1-2 uur.
e) Sla het deeg plat en verdeel het in porties.
f) Rol elke portie deeg uit tot een touw van ongeveer 15 cm lang.
g) Draai elk touw in een spiraalvorm en knijp de uiteinden samen om ze af te dichten.
h) Verhit de olie in een diepe pan of frituurpan tot 175°C (350°F).
i) Bak de bicho-bicho in porties goudbruin en gaar, ongeveer 3-4 minuten per portie.
j) Laat ze uitlekken op keukenpapier om overtollige olie te verwijderen.
k) Bestrooi voor het serveren met poedersuiker.
l) Geniet van deze gedraaide donuts als heerlijk tussendoortje of dessert.

72. Hopia

INGREDIËNTEN:
- 2 kopjes All-purpose Flour
- 1/2 kopje suiker
- 1/4 kop plantaardige olie
- 1/4 kopje water
- 1/2 theelepel zout
- Vulopties: zoete mungbonenpasta, rode bonenpasta of gezoete geraspte kokosnoot

INSTRUCTIES:
a) Meng bloem, suiker en zout in een kom.
b) Voeg plantaardige olie en water toe aan de droge ingrediënten. Meng tot er een deeg ontstaat.
c) Kneed het deeg op een licht met bloem bestoven oppervlak tot het glad en elastisch is.
d) Verdeel het deeg in porties en rol elke portie tot een bal.
e) Maak elke deegbal plat tot een cirkel met een diameter van ongeveer 10 cm.
f) Plaats een lepel van de door jou gekozen vulling in het midden van elke deegcirkel.
g) Vouw de randen van het deeg over de vulling en knijp het dicht.
h) Leg de gevulde deegballetjes op een bakplaat bekleed met bakpapier.
i) Bestrijk de bovenkant met eierwas (optioneel).
j) Bak in een voorverwarmde oven op 175°C gedurende 20-25 minuten of tot ze goudbruin zijn.
k) Laat afkoelen voordat u het serveert.

73.Filipijns Bibingka-bananenbrood

INGREDIËNTEN:
- Bak spray
- 1 stuk bananenblad (14 x 12 inch).
- 1 ¼ kopjes zoet rijstmeel
- 1 ¼ kopje kleefrijstmeel
- 2 ½ theelepel bakpoeder
- 1 theelepel koosjer zout
- 1 kopje kristalsuiker
- 1 kopje zeer rijpe gepureerde bananen
- ¾ kopje goed geschud en geroerd ongezoete kokosmelk
- ½ kopje ongezouten boter (4 ons), gesmolten
- 1 theelepel vanille-extract
- 2 grote eieren, op kamertemperatuur

INSTRUCTIES:
a) Verwarm uw oven voor op 350 ° F. Vet een broodvorm van 9 x 5 inch in met kookspray en zet deze opzij.
b) Knip met een schaar een strook van 12 x 4 inch uit het bananenblad, evenwijdig aan de middennerf van het blad. Snijd het resterende deel van het bananenblad in 3 (30 x 30 cm) reepjes, parallel aan de nerven van het blad.
c) Plaats de 7,5 cm brede bananenbladstroken kruiselings over de bodem en zijkanten van de broodvorm, overlappend indien nodig om de bodem volledig te bekleden. Zorg ervoor dat de bladuiteinden 1 tot 2 inch over de zijkanten uitsteken. Plaats de resterende strook bananenblad in de lengte langs de bodem van de broodvorm en halverwege de kortere zijden. Zet de pan opzij.
d) Meng in een middelgrote kom het zoete rijstmeel, het kleefrijstmeel, het bakpoeder en het zout.
e) Klop in een grote kom de kristalsuiker, geprakte bananen, kokosmelk, gesmolten boter, vanille-extract en eieren tot alles goed gemengd is. Voeg het bloemmengsel toe aan het suikermengsel en klop tot het volledig gemengd is.
f) Giet het beslag in de voorbereide pan en verdeel het gelijkmatig.
g) Bak in de voorverwarmde oven tot het bananenbrood goudbruin is en de bovenkant terugveert als je er licht op drukt. Dit duurt

ongeveer 1 uur en 10 minuten tot 1 uur en 20 minuten. Dek het brood tijdens de laatste 20 minuten van het bakken losjes af met aluminiumfolie om te voorkomen dat het bruin wordt.

h) Laat het bananenbrood volledig afkoelen in de pan op een rooster. Dit duurt ongeveer 2 uur en 30 minuten tot 3 uur.
i) Haal het brood voorzichtig uit de pan en gebruik de bananenbladeren als handvatten.
j) Snijd het bananenbrood in plakjes en serveer het op bananenbladeren voor een authentiek tintje.

BEVROREN TRAKTATIES

74. Pandan-ijs

INGREDIËNTEN:
- 1 liter extra dikke room
- 500 ml volle melk
- ¼ theelepel fijn zeezout
- 12 eierdooiers
- 300 g witte basterdsuiker
- 1 eetlepel dik pandanextract
- Voor de topping (optioneel)
- 150 g pure chocolade (minimaal 50% cacao)
- 100 ml volle melk
- 60 g kant-en-klare gezouten of ongezouten geroosterde pinda's, gemalen

INSTRUCTIES:
a) Doe de room, de melk en het zout in een diepe pan en laat op laag vuur koken tot het kookpunt is bereikt.

b) Klop de eierdooiers en de basterdsuiker in een kom tot een dik mengsel. Giet de helft van het room- en melkmengsel voorzichtig bij de eieren en de suiker, terwijl u voortdurend blijft kloppen, en klop vervolgens de resterende room en melk erdoor.

c) Doe het hele mengsel terug in de pan en voeg het pandanextract toe. Breng het tot het kookpunt en roer voortdurend om schiften te voorkomen. Dit zou 3-4 minuten moeten duren.

d) Zeef het mengsel met behulp van een fijne metalen zeef in een diepvriesbestendige schaal of kom, of in een broodvorm. Laat het 15 minuten afkoelen en breng het dan over naar de vriezer. Haal het na 45 minuten uit de vriezer en roer het, en blijf dit elke 45 minuten doen gedurende 2-3 uur.

e) Om de chocoladesaus te maken, breek je de chocolade in kleine stukjes en doe je ze in een hittebestendige kom. Voeg de melk toe en zet hem op een pan met kokend water tot de chocolade is gesmolten en gemengd met de melk. Laat het volledig afkoelen.

f) Schep voor het serveren het ijs in kommen, giet de chocoladesaus erover en strooi de gemalen pinda's erover.

75.Filipijns mango-ijs

INGREDIËNTEN:
- Mango's: 2 (vers, rijp)
- Witte suiker: 1 kopje
- Kokosmelk: 3 eetlepels
- Citroensap: 1 theelepel
- Slagroom: 1 kopje

INSTRUCTIES:
a) Schil en snijd de mango's.
b) Doe het fruit-Blitz gedurende 1 minuut in een keukenmachine met de suiker.
c) Meng de kokosmelk en het citroensap een paar seconden samen om te mengen.
d) Giet de mangopuree in een kom.
e) Vul de keukenmachine of blender voor de helft met slagroom. Blitz de room tot er stijve pieken ontstaan of totdat deze erg stijf is.
f) Pureer de mangopuree met de slagroom gedurende 5 tot 10 seconden, of tot een sterke mango-roomconsistentie is bereikt.
g) Vul een ijsbakje met het mengsel en vries het minimaal 6-8 uur in.
h) Schep in ijs c1s of serveer in kommen.

76. IJs Met Chili Karamelsaus

INGREDIËNTEN:
- Vanille-ijs: 6 bolletjes
- Verse munt/basilicumblaadjes: garnering
- Pinda's of cashewnoten: gemalen of gehakt

KARAMELSAUS:
- Zoete Filippijnse chilisaus: 4 eetlepels
- Ahornsiroop: 4 eetlepels
- Zout: een snuifje
- Limoensap: ½ eetlepel

INSTRUCTIES:
a) Meng alle sausingrediënten in een pan.
b) Zet de pan op middelhoog vuur en roer voortdurend gedurende 1 minuut.
c) Doe in elke serveerschaal 2 tot 3 bolletjes vanille-ijs.
d) Schep nu de warme saus erover en verdeel het gelijkmatig.
e) Serveer meteen en geniet ervan.

77. Geschoren ijsdessert

INGREDIËNTEN:
- Gedroogde basilicumzaden: 1 eetlepel
- Geschaafd ijs: 1 kopje
- Croutons/broodstukjes: 10 gram
- 3 eetlepels gecondenseerde melk

INSTRUCTIES:

a) Week gedroogde basilicumzaden gedurende 30 minuten in ½ kopje warm water.

b) Doe de croutons, de geweekte basilicumzaadjes en het ijs in een kom om het dessert te maken.

c) Giet de gewenste hoeveelheid siroop over het ijs en besprenkel met gecondenseerde melk.

78.Halo-Halo-ijslolly's

INGREDIËNTEN:
- 1 kopje kokosmelk
- 1 kopje verdampte melk
- 1/2 kopje gezoete gecondenseerde melk
- Diverse halo-halo-ingrediënten (gekookte zoete bonen, kaong, nata de coco, gulaman, gezoet fruit, enz.)
- Ijslollyvormpjes
- Ijsstokjes

INSTRUCTIES:
a) Meng in een kom de kokosmelk, de verdampte melk en de gezoete gecondenseerde melk tot alles goed gemengd is.
b) Verdeel de diverse halo-halo-ingrediënten over de ijslollyvormpjes.
c) Giet het melkmengsel over de halo-halo-ingrediënten en vul elke vorm bijna tot de bovenkant.
d) Steek ijslollystokjes in de vormpjes.
e) Bevries gedurende minstens 4 uur of tot het volledig bevroren is.
f) Eenmaal bevroren haal je de ijslolly's uit de vormpjes en geniet je van deze verfrissende variant op het klassieke Filippijnse dessert.

79.Mango- en kokossorbet

INGREDIËNTEN:
- 2 rijpe mango's, geschild en in blokjes gesneden
- 1 blikje kokosmelk
- 1/4 kopje suiker (aanpassen aan smaak)
- 1 eetl limoensap
- Snufje zout

INSTRUCTIES:
a) Doe de in blokjes gesneden mango's in een blender o keukenmachine.
b) Voeg kokosmelk, suiker, limoensap en zout toe aan de blender.
c) Meng tot een glad en goed gecombineerd geheel.
d) Proef en pas indien nodig de zoetheid aan door meer suiker toe te voegen.
e) Giet het mengsel in een ondiepe schaal of ijsmachine.
f) Als u een schaal gebruikt, bedek het dan met plasticfolie en vries het gedurende minimaal 4 uur in, terwijl u af en toe roert om eventuele ijskristallen te breken.
g) Als u een ijsmachine gebruikt, draai dan volgens de instructies van de fabrikant.
h) Eenmaal bevroren, schep je de sorbet in kommen of kegels en geniet je van dit tropische en verfrissende dessert.

80. Ananas & Kokos Granita

INGREDIËNTEN:
- 2 kopjes ananasstukjes
- 1 blikje kokosmelk
- 1/4 kopje suiker (aanpassen aan smaak)
- 1 eetl limoensap
- Snufje zout

INSTRUCTIES:
a) Doe de ananasstukjes in een blender of keukenmachine.
b) Voeg kokosmelk, suiker, limoensap en zout toe aan de blender.
c) Meng tot een glad en goed gecombineerd geheel.
d) Proef en pas indien nodig de zoetheid aan door meer suiker toe te voegen.
e) Giet het mengsel in een ondiepe schaal.
f) Plaats de schaal in de vriezer en laat ongeveer 1 uur in de vriezer staan.
g) Gebruik na 1 uur een vork om de bevroren randen naar het midden te schrapen.
h) Blijf elke 30 minuten schrapen totdat het mengsel volledig bevroren is en een granita-achtige textuur heeft.
i) Schep de granita, eenmaal bevroren, in kommen of glazen en serveer onmiddellijk als een licht en verfrissend dessert.

81.Mango-kokosijsjes

INGREDIËNTEN:
- 2 rijpe mango's, geschild en in blokjes gesneden
- 1 blikje kokosmelk
- 1/4 kop honing of suiker (aanpassen aan smaak)
- 1 eetl limoensap

INSTRUCTIES:
a) Doe de in blokjes gesneden mango's in een blender of keukenmachine.
b) Voeg kokosmelk, honing of suiker en limoensap toe aan de blender.
c) Meng tot een glad en goed gecombineerd geheel.
d) Proef en pas de zoetheid aan indien nodig.
e) Giet het mengsel in ijslollyvormpjes.
f) Steek ijslollystokjes in de vormpjes.
g) Bevries gedurende minstens 4 uur of tot het volledig bevroren is.
h) Eenmaal bevroren, haal je de ijslolly's uit de vormpjes en geniet je van deze tropische bevroren traktatie.

82. Avocado-ijs

INGREDIËNTEN:
- 2 rijpe avocado's, geschild en ontpit
- 1 blikje kokosmelk
- 1/4 kop honing of suiker (aanpassen aan smaak)
- 1 eetl limoensap

INSTRUCTIES:
a) Doe het avocadovlees in een blender of keukenmachine.
b) Voeg kokosmelk, honing of suiker en limoensap toe aan de blender.
c) Meng tot een glad en goed gecombineerd mengsel.
d) Proef en pas de zoetheid aan indien nodig.
e) Giet het mengsel in een ondiepe schaal of ijsmachine.
f) Als u een schaal gebruikt, bedek het dan met plasticfolie en vries het gedurende minimaal 4 uur in, terwijl u af en toe roert om eventuele ijskristallen te breken.
g) Als u een ijsmachine gebruikt, draai dan volgens de instructies van de fabrikant.
h) Eenmaal bevroren, schep je het avocado-ijs in kommen of hoorntjes en geniet je van dit romige en verfrissende dessert.

TOFU-DESSERTS

83.Taho

INGREDIËNTEN:
- 1 pakje zijden tofu (14 oz).
- 1/4 kop bruine suiker
- 1/4 kop tapiocaparels (gekookt volgens de instructies op de verpakking)
- Siroop (optioneel): 1/2 kopje bruine suiker, 1/2 kopje water, 1 theelepel vanille-extract

INSTRUCTIES:
a) Snijd de zijden tofu in kleine blokjes en verdeel ze over serveerschalen.
b) Meng in een kleine pan de bruine suiker en het water voor de siroop. Verwarm op middelhoog vuur tot de suiker is opgelost. Haal van het vuur en roer het vanille-extract erdoor.
c) Giet de siroop over de tofublokjes.
d) Voeg gekookte tapiocaparels toe aan elke kom.
e) Serveer warm als een geruststellend en voedzaam dessert.

84. Tofu Leche-flan

INGREDIËNTEN:
- 1 pakje zijden tofu (14 oz).
- 1 blikje (14 oz) gecondenseerde melk
- 1 blikje (12 oz) verdampte melk
- 6 eierdooiers
- 1/2 kopje suiker

INSTRUCTIES:
a) Verwarm de oven voor op 175°C.
b) Meng de zijden tofu tot een gladde massa.
c) Klop in een kom de gecondenseerde melk, de verdampte melk, de eierdooiers en de suiker tot alles goed gemengd is.
d) Voeg de gemengde tofu toe aan het melkmengsel en klop tot een gladde massa.
e) Giet het mengsel in llanera (vlaaivormen) of een ovenschaal.
f) Plaats de llanera of ovenschaal in een grotere bakvorm. Vul de grotere pan tot halverwege de zijkanten van de llanera of ovenschaal met heet water om een waterbad te creëren.
g) Bak ongeveer 45-50 minuten of tot de leche-flan gestold is.
h) Laat het afkoelen en zet het vervolgens minimaal 2 uur of een nacht in de koelkast.
i) Om te serveren, keert u de llanera om op een bord, zodat de karamelsaus over de vlaai kan stromen.

85.Tofu Halo-Halo

INGREDIËNTEN:
- 1 pakje zijden tofu (14 oz).
- Diverse halo-halo-ingrediënten (gekookte zoete bonen, kaong, nata de coco, gulaman, gezoet fruit, enz.)
- Geschoren ijs
- Verdampte melk
- Suikersiroop (optioneel)

INSTRUCTIES:
a) Snijd de zijden tofu in kleine blokjes en verdeel ze over serveerschalen.
b) Verdeel de diverse halo-halo-ingrediënten over de tofublokjes.
c) Bestrijk met geschaafd ijs.
d) Giet de verdampte melk en de suikersiroop (indien gebruikt) over het geschaafde ijs.
e) Serveer onmiddellijk en geniet van dit verfrissende en kleurrijke dessert.

86.Tofu Maja Blanca

INGREDIËNTEN:
- 1 pakje zijden tofu (14 oz).
- 1 blikje kokosmelk
- 1/2 kopje maizena
- 1/2 kopje suiker
- 1/2 kopje water
- 1/2 kop maïskorrels (optioneel)
- Geraspte kokosnoot (voor de topping)

INSTRUCTIES:
a) Meng de zijden tofu tot een gladde massa.
b) Meng kokosmelk, maizena, suiker en water in een pan. Roer tot alles goed gemengd is.
c) Kook op middelhoog vuur, onder voortdurend roeren, tot het mengsel dikker wordt.
d) Voeg de gemengde tofu toe aan het mengsel en roer tot een gladde massa.
e) Voeg maïskorrels toe (indien gebruikt) en kook nog 2-3 minuten.
f) Giet het mengsel in een ingevette schaal en laat het afkoelen en opstijven.
g) Eenmaal uitgehard, snijd je het in vierkanten en bestrooi je het met geraspte kokosnoot voordat je het serveert.

87. Tofu Mango Sago

INGREDIËNTEN:
- 1 pakje zijden tofu (14 oz).
- 1 rijpe mango, geschild en in blokjes gesneden
- 1/2 kopje kleine tapiocaparels (sago), gekookt volgens de instructies op de verpakking
- 1 blikje kokosmelk
- 1/4 kopje suiker (aanpassen aan smaak)
- Gemalen ijs (optioneel)

INSTRUCTIES:
a) Meng de zijden tofu tot een gladde massa.
b) Verwarm de kokosmelk in een pan op middelhoog vuur. Voeg suiker toe en roer tot het is opgelost.
c) Voeg de gemengde tofu toe aan het kokosmelkmengsel en roer tot alles goed gemengd is.
d) Haal van het vuur en laat afkoelen.
e) Plaats in serveerschalen een lepel gekookte tapiocaparels.
f) Voeg de in blokjes gesneden mango toe bovenop de tapiocaparels.
g) Giet het tofu-kokosmelkmengsel over de mango- en tapiocaparels.
h) Serveer indien gewenst gekoeld met gemalen ijs.

88.Tofu Ube Tapiocapudding

INGREDIËNTEN:
- 1 pakje zijden tofu (14 oz).
- 1/2 kop gekookte tapiocaparels (sago)
- 1/2 kop gepureerde paarse yam (ube)
- 1 blikje kokosmelk
- 1/4 kopje suiker (aanpassen aan smaak)
- Ube-extract (optioneel, voor kleur en smaak)
- Geraspte kokosnoot (voor de topping)

INSTRUCTIES:
a) Meng de zijden tofu tot een gladde massa.
b) Verwarm de kokosmelk in een pan op middelhoog vuur. Voeg suiker toe en roer tot het is opgelost.
c) Voeg gepureerde paarse yam en gekookte tapiocaparels toe aan het kokosmelkmengsel. Roer tot alles goed gemengd is.
d) Voeg indien gewenst een paar druppels ube-extract toe voor extra kleur en smaak.
e) Giet de gemengde tofu bij het kokosmelkmengsel en roer tot een gladde massa.
f) Haal van het vuur en laat het iets afkoelen.
g) Verdeel de pudding in serveerschalen en strooi er geraspte kokosnoot overheen.
h) Serveer warm of gekoeld, naar wens.

89. Tofu Buko Pandan-salade

INGREDIËNTEN:
- 1 pakje zijden tofu (14 oz).
- 1 blikje kokosmelk
- 1/2 kopje suiker (aanpassen aan smaak)
- 1 kopje jonge kokosnoot (buko), geraspt
- 1 kopje gelatine met pandan-smaak, in blokjes
- 1 kopje tapiocaparels (gekookte sago)
- 1/2 kop kaong (suikerpalmfruit), uitgelekt
- Nata de Coco (optioneel)
- Gezoete gecondenseerde melk (om te besprenkelen)

INSTRUCTIES:
a) Meng de zijden tofu tot een gladde massa.
b) Meng in een grote kom de gemengde tofu, kokosmelk en suiker tot alles goed gemengd is.
c) Voeg geraspte jonge kokosnoot, gelatineblokjes met pandansmaak, gekookte tapiocaparels, kaong en nata de coco (indien gebruikt) toe aan het tofu-kokosmelkmengsel. Roer voorzichtig om te combineren.
d) Zet de salade minimaal 1 uur in de koelkast voordat je hem serveert.
e) Sprenkel indien gewenst gezoete gecondenseerde melk over de gekoelde salade voordat u deze serveert.
f) Serveer de tofu buko pandan salade als verfrissend en romig dessert.

SPREADS & JAMS

90.Matamis Na Bao

INGREDIËNTEN:
- 2 kopjes jonge kokosnoot (buko), geraspt
- 1 kopje water
- 1 kopje bruine suiker

INSTRUCTIES:
a) Meng water en bruine suiker in een pan.
b) Verwarm het mengsel op middelhoog vuur en roer tot de suiker volledig is opgelost.
c) Voeg de geraspte jonge kokosnoot toe aan het siroopmengsel.
d) Kook het kokosmengsel op laag vuur, af en toe roerend, tot de vloeistof is verdampt en de kokosslierten volledig bedekt zijn met de siroop.
e) Haal van het vuur en laat afkoelen.
f) Eenmaal afgekoeld, breng je de Matamis na Bao over naar een schone pot of container voor opslag.
g) Serveer op zichzelf als zoete snack of dessert, of gebruik het als topping voor verschillende Filippijnse desserts zoals halo-halo of geschaafd ijs.

91.Gekarameliseerde bananen- en jackfruitjam

INGREDIËNTEN:
- 4 rijpe bananen, in plakjes gesneden
- 1 kopje rijpe jackfruit, gehakt
- 1 kopje bruine suiker
- 1/4 kopje water
- 1/2 theelepel vanille-extract (optioneel)

INSTRUCTIES:
a) Combineer bruine suiker en water in een pan.
b) Verwarm het mengsel op middelhoog vuur en roer tot de suiker volledig is opgelost.
c) Voeg de gesneden bananen en de gehakte jackfruit toe aan het siroopmengsel.
d) Kook het mengsel op laag vuur, af en toe roerend, tot de vruchten zacht en gekarameliseerd zijn en de vloeistof is ingedikt tot een jamachtige consistentie.
e) Voeg indien gewenst vanille-extract toe voor extra smaak en roer goed.
f) Haal van het vuur en laat afkoelen.
g) Eenmaal afgekoeld, doe de gekarameliseerde bananen- en jackfruitjam in een schone pot of container voor opslag.
h) Geniet ervan als spread op toast, pannenkoeken of wafels, of gebruik het als vulling voor gebak en desserts.

92.Perzik-mangocompote

INGREDIËNTEN:
- 2 rijpe perziken, geschild en in blokjes gesneden
- 2 rijpe mango's, geschild en in blokjes gesneden
- 1/4 kopje suiker (aanpassen aan smaak)
- 1/4 kopje water
- 1 eetl. citroensap
- 1/2 theelepel vanille-extract

INSTRUCTIES:
a) Meng in een pan in blokjes gesneden perziken, in blokjes gesneden mango's, suiker, water, citroensap en vanille-extract.
b) Verwarm het mengsel op middelhoog vuur, af en toe roerend, tot de vruchten zacht zijn en de vloeistof is ingedikt tot een compote-achtige consistentie.
c) Proef en pas indien nodig de zoetheid aan door meer suiker toe te voegen.
d) Haal van het vuur en laat afkoelen.
e) Eenmaal afgekoeld, doe de perzik-mangocompote in een schone pot of container voor opslag.
f) Serveer het als topping voor yoghurt, ijs, pannenkoeken of wafels, of gebruik het als vulling voor taarten en gebak.

93.Mango-ananasjam

INGREDIËNTEN:
- 2 kopjes rijpe mango's, geschild en in blokjes gesneden
- 1 kopje ananasstukjes
- 1 kopje kristalsuiker
- 2 eetlepels citroensap
- 1 theelepel vanille-extract

INSTRUCTIES:
a) Meng in een pan in blokjes gesneden mango, stukjes ananas suiker, citroensap en vanille-extract.
b) Verwarm het mengsel op middelhoog vuur, af en toe roerend, tot de vruchten zacht zijn en de vloeistof is ingedikt tot een jamachtige consistentie.
c) Proef en pas indien nodig de zoetheid aan door meer suiker toe te voegen.
d) Haal van het vuur en laat afkoelen.
e) Eenmaal afgekoeld, doe de mango-ananasjam in een schone pot of container voor opslag.
f) Geniet ervan als spread op toast, crackers of sandwiches, of gebruik het als vulling voor gebak en desserts.

94.Guave gelei

INGREDIËNTEN:
- 4 kopjes guavepulp (van ongeveer 12 rijpe guaves)
- 4 kopjes kristalsuiker
- 1/4 kopje citroensap
- 1 pakje (3 oz) vloeibare fruitpectine

INSTRUCTIES:
a) Meng guavepulp, suiker en citroensap in een grote pot.
b) Breng het mengsel op middelhoog vuur onder voortdurend roeren aan de kook.
c) Zodra het kookt, zet je het vuur middelhoog en laat je het ongeveer 20 minuten sudderen, af en toe roerend, tot het mengsel dikker wordt.
d) Roer de vloeibare fruitpectine erdoor en laat nog 5 minuten koken.
e) Haal van het vuur en verwijder eventueel schuim van het oppervlak.
f) Giet de hete guavegelei in gesteriliseerde potten en laat bovenaan ongeveer 1/4 inch ruimte vrij.
g) Sluit de potten goed af met deksels en verwerk ze gedurende 10 minuten in een kokend waterbad.
h) Haal de potten uit het waterbad en laat ze afkoelen tot kamertemperatuur.
i) Eenmaal afgekoeld, controleer de afdichtingen en bewaar de Guava Jelly op een koele, donkere plaats.

95. Calamansi-marmelade

INGREDIËNTEN:
- 2 kopjes calamansi-sap (gespannen)
- 2 kopjes kristalsuiker
- Schil van 2 calamansi (optioneel)

INSTRUCTIES:
a) Meng in een pan het calamansi-sap, de suiker en de calamansi-schil (indien gebruikt).
b) Breng het mengsel op middelhoog vuur aan de kook, onder voortdurend roeren tot de suiker volledig is opgelost.
c) Zet het vuur middelhoog en laat het mengsel ongeveer 30-40 minuten sudderen, af en toe roeren, tot het dikker wordt en de gewenste consistentie heeft bereikt.
d) Haal van het vuur en laat afkoelen.
e) Eenmaal afgekoeld, brengt u de Calamansi-marmelade over naar gesteriliseerde potten of containers voor opslag.
f) Geniet ervan als spread op brood, muffins of crackers, of gebruik het als topping voor yoghurt of ijs.

96. Mangochutney

INGREDIËNTEN:
- 2 rijpe mango's, geschild en in blokjes gesneden
- 1 ui, fijngehakt
- 1/2 kop rozijnen
- 1/2 kopje appelciderazijn
- 1/2 kopje bruine suiker
- 1 theelepel gemalen gember
- 1/2 theelepel gemalen kaneel
- 1/4 theelepel gemalen kruidnagel
- Zout en peper naar smaak

INSTRUCTIES:
a) Meng in een pan de in blokjes gesneden mango, gesnipperde ui, rozijnen, appelciderazijn, bruine suiker, gemalen gember, gemalen kaneel, gemalen kruidnagel, zout en peper.
b) Breng het mengsel op middelhoog vuur aan de kook, zet het vuur laag en laat het ongeveer 30-40 minuten sudderen, af en toe roerend, tot de chutney dikker wordt en de smaken samensmelten.
c) Proef en pas indien nodig de smaak aan.
d) Haal van het vuur en laat afkoelen.
e) Eenmaal afgekoeld, breng je de mangochutney over naar gesteriliseerde potten of containers voor opslag.
f) Geniet ervan als smaakmaker bij gegrild vlees, sandwiches of kaasschotels.

97. Ananas Kokos Jam

INGREDIËNTEN:
- 2 kopjes in blokjes gesneden ananas
- 1 kopje geraspte kokosnoot (vers of gedroogd)
- 1 kopje kristalsuiker
- 1/4 kopje water
- 1 eetl limoensap
- 1/2 theelepel vanille-extract

INSTRUCTIES:
a) Meng in een pan de in blokjes gesneden ananas, geraspte kokosnoot, suiker, water, limoensap en vanille-extract.
b) Verwarm het mengsel op middelhoog vuur, af en toe roerend, tot de vruchten zacht zijn en de vloeistof is ingedikt tot een jamachtige consistentie.
c) Proef en pas indien nodig de zoetheid aan door meer suiker toe te voegen.
d) Haal van het vuur en laat afkoelen.
e) Eenmaal afgekoeld, doe de ananas-kokosjam in een schone pot of container voor opslag.
f) Geniet ervan als spread op toast, muffins of pannenkoeken, of gebruik het als topping voor yoghurt of havermout.

98. Chili-Mangochutney

INGREDIËNTEN:
- 2 rijpe mango's, geschild, ontpit en in blokjes gesneden
- ½ kopje suiker
- ¼ kopje azijn
- 2-3 rode chilipepers, fijngehakt (aanpassen aan je kruidenvoorkeur)
- ½ theelepel gember, geraspt
- ½ theelepel gemalen kruidnagel
- Zout naar smaak

INSTRUCTIES:

a) Meng in een pan mango's, suiker, azijn, rode chilipepers, gember, gemalen kruidnagel en een snufje zout.

b) Kook op laag vuur, af en toe roerend, tot het mengsel dikker wordt en de mango's zacht worden.

c) Laat de chutney afkoelen en bewaar hem vervolgens in een pot. Deze pittige mangochutney is perfect om een zoete en pittige kick aan je maaltijden toe te voegen.

99. Verse ananaschutney

INGREDIËNTEN:
- 1 Lg verse ananas
- 1 eetlepel zout
- ½ Lg. teentje knoflook, gepureerd
- 1¾ kopje pitloze rozijnen
- 1¼ kopje lichtbruine suiker
- 1 kopje ciderazijn
- 2 kaneelstokjes van 2 inch
- ¼ theelepel gemalen kruidnagel

INSTRUCTIES:

Schil, segmenteer en snijd de ananas fijn. besprenkel met zout en laat 1½ uur rusten . Giet af.

Doe de knoflook en de rozijnen door een hakmolen met behulp van het middelgrote mes. Voeg toe aan de ananas.

Meng de suiker, azijn en kruiden in een pan en breng tot het kookpunt. Voeg het fruitmengsel toe en kook op matig vuur tot het ingedikt is, ongeveer 45 minuten. Schep het in hete, gesteriliseerde gesteriliseerde potten en sluit het meteen af.

100. Limoenchutney

INGREDIËNTEN:
- 12 limoenen
- 2 peulen knoflook
- Stukje gember van 4 inch
- 8 Groene pepers
- 1 eetlepel chilipoeder
- 12 eetlepels suiker
- 1 kopje azijn

INSTRUCTIES:
a) Maak de limoenen schoon en snij ze in kleine stukjes. Verwijder de zaadjes. Bewaar het limoensap dat zich tijdens het hakken verzamelt.
b) Snijd de knoflook, gember en pepers fijn.
c) Meng alle ingrediënten behalve de azijn door elkaar.
d) Kook op laag vuur tot het mengsel dik is. Voeg de azijn toe en laat 5 minuten sudderen.
e) Koel en fles. Eet na 3-4 weken.

CONCLUSIE

Nu we onze reis door de wereld van MAYUMU: FILIPIJNS AMERIKAANSE NAGERECHT afsluiten, hoop ik dat dit kookboek je heeft geïnspireerd om de zoetheid van het leven te omarmen en het rijke culturele erfgoed te vieren dat onze culinaire ervaringen vormgeeft. "MAYUMU: FILIPIJNS AMERIKAANSE NAGERECHT" is gemaakt met een passie voor het eren van traditie, het bevorderen van creativiteit en het delen van de vreugde van zoete lekkernijen met dierbaren.

Bedankt dat je met mij meegaat op dit heerlijke avontuur. Moge uw keuken gevuld zijn met de aroma's van versgebakken bibingka, de levendige kleuren van halo-halo en de zoete herinneringen aan gedeelde momenten met familie en vrienden. Of u zich nu tegoed doet aan een plakje cake of geniet van een lepel vla, moge elke hap van deze Filipijns-Amerikaanse desserts u dichter bij het hart en de ziel van deze geliefde keuken brengen.

Tot we elkaar weer ontmoeten, veel bakplezier en mogen uw desserts altijd gevuld zijn met de zoetheid van Mayumu. Salamat po en geniet van elk heerlijk moment!

www.ingramcontent.com/pod-product-compliance
Lightning Source LLC
Chambersburg PA
CBHW070353120526
44590CB00014B/1113